巨变

改革开放40年中国记忆

本书编写组 编

新华出版社

图书在版编目（CIP）数据

巨变：改革开放40年中国记忆 / 《巨变：改革开放40年中国记忆》编写组编.
-- 北京：新华出版社,2018.9

ISBN 978-7-5166-4307-5

Ⅰ.①巨…　Ⅱ.①巨…　Ⅲ.①改革开放－成就－中国　Ⅳ.①D619

中国版本图书馆CIP数据核字(2018)第198713号

巨变：改革开放40年中国记忆

作　　者：本书编写组

选题策划：要力石　许　新　　**责任编辑**：江文军　徐文贤

责任印制：廖成华　　**封面设计**：后声文化

责任校对：刘保利

出版发行：新华出版社

地　　址：北京石景山区京原路8号　　**邮　　编**：100040

网　　址：http://www.xinhuapub.com

经　　销：新华书店、新华出版社天猫旗舰店、京东旗舰店及各大网店

购书热线：010－63077122　　**中国新闻书店购书热线**：010－63072012

照　　排：臻美书装

印　　刷：三河市君旺印务有限公司

成品尺寸：185mm×245mm

印　　张：31.5　　**字　　数**：240千字

版　　次：2018年9月第一版　　**印　　次**：2021年1月第二十三次印刷

书　　号：ISBN 978-7-5166-4307-5

定　　价：98.00元

目录

上编

下　编

上　编

SHANGBIAN

第 1 篇

开放高地篇

从深圳、浦东到雄安

1.1 | 深圳：从追赶时代到引领时代

一座城市，高度浓缩一个时代精华；

一个政党，引领开辟一条康庄大道。

如同施展了法术，在不到40年的时间里，从一个默默无闻的边陲小镇到拥有2000万人口的现代化国际都市，深圳奇迹般崛起于中国南方，绽放夺目光彩。

什么造就了深圳？

是改革开放的浩荡春风，是改革开放释放的强大活力，让深圳焕发出前所未有的生命力，有力地证明了中国特色社会主义道路一定会越走越宽广。

蛇口的变迁

▲ 建港填海的“开山炮”在深圳蛇口炸响。1979 年，蛇口响起中国改革开放第一声开山炮，当时交通部属下的香港招商局在蛇口创办了我国第一个外向型工业区，创立“蛇口模式”。（新华社发）

1979 年，建港填海的“开山炮”率先在蛇口炸响，诞生于晚清洋务运动中的百年招商局，创办了第一个出口工业加工区，成为经济特区创立的探路者。

1979 年 3 月 5 日，国务院正式批准广东省宝安县改设为深圳市。把靠近香港的深圳镇作为城市的名字，意味着它从诞生之初就要对标香港，对标国际一流城市。

1979年4月，广东省委提出，希望中央能根据广东紧靠港澳、华侨众多的特点，给予特殊政策，在深圳、珠海、汕头建立出口加工区。这一设想得到了邓小平的大力支持。

邓小平说：可以划出一块地方，就叫作特区。陕甘宁就是特区嘛！中央没有钱，可以给些政策，你们自己去搞，杀出一条血路来。

回望革命战争年代，陕甘宁特区犹如精神灯塔，为夺取革命胜利、建设新中国立下了不可磨灭的功勋。

▶ 改革开放初期的蛇口。（新华社记者卢汉欣摄）

▲ 20 世纪 80 年代的深圳蛇口工业区。（新华社发 / 深圳博物馆图）

进入改革开放时代，特区精神穿越时空、一脉相承，改革之火燃遍神州，大地处处万物复苏。

1980 年 8 月 26 日，第五届全国人大常务委员会第十五次会议批准设置经济特区，并通过《广东省经济特区暂行条例》，经济特区在中国正式诞生。有外电惊叹道："中国大变革的指针正轰然鸣响。"

▼ 1984 年，广东深圳市蛇口工业区办公大厦旁“时间就是金钱，效率就是生命”的标语。这一醒目的标语牌告诉人们，这里的开拓者们正是以处处争分夺秒、事事讲求效益的精神，在建设一座工业新城。（新华社记者徐佑珠摄）

水湾
1979
230
300
㎡
云堡大宅
88278888

2015 年 2 月 26 日，广东自贸区深圳前海蛇口片区。（新华社记者毛思倩摄）

渔民村的变迁

从水草飘零的渔船人家到改革开放以来中国第一个“万元户村”，再到加载高科技设备实现智能化管理的现代乡村，深圳市渔民村的发展如同一本历史相册，每一页都记录着改革开放的精彩进程。

▼ 这是一张改革开放之初的老照片。与香港一河之隔的渔民村被鱼塘环绕，养殖业成为渔民村最早的经济支柱。与香港一河之隔的渔民村被划入深圳经济特区管辖范围，为此后渔民村翻天覆地的变化埋下伏笔。千载难逢的历史机遇、只争朝夕的拼搏干劲，让渔民村家家成了“万元户”，在1981年一跃成为中国第一个“万元户村”。在这一年，渔民村为全村33户居民统一盖起了33栋130平方米的别墅式小洋楼。

▲ 2018 年 3 月 26 日，无人机拍摄的渔民村（画面前景的高楼）。20 世纪 90 年代深圳外来人口以百万计，到渔民村租房者络绎不绝。村民为了增加房租收入，两层楼加高至五六层。“不是不见天，就是一线天”的“握手楼”比比皆是，甚至还出现了“比萨斜塔”。昔日小洋楼沦为脏乱差的城中村典型。村干部邓志标等给村民们反复做思想工作，最终决定自筹资金 1 亿多元，把旧“别墅”全部推倒重建。拆旧建新，仅用 518 天。渔民村 2004 年建起了 1213 套单元房，各户都享有 1390 平方米，价值以几千万元计，自住之外由村里统一出租。昔日脏乱差的“握手楼”早已不见，变成了花园式的现代化楼群，特别在党的十八大以来，渔民村驶上了新的快车道。（新华社记者毛思倩摄）

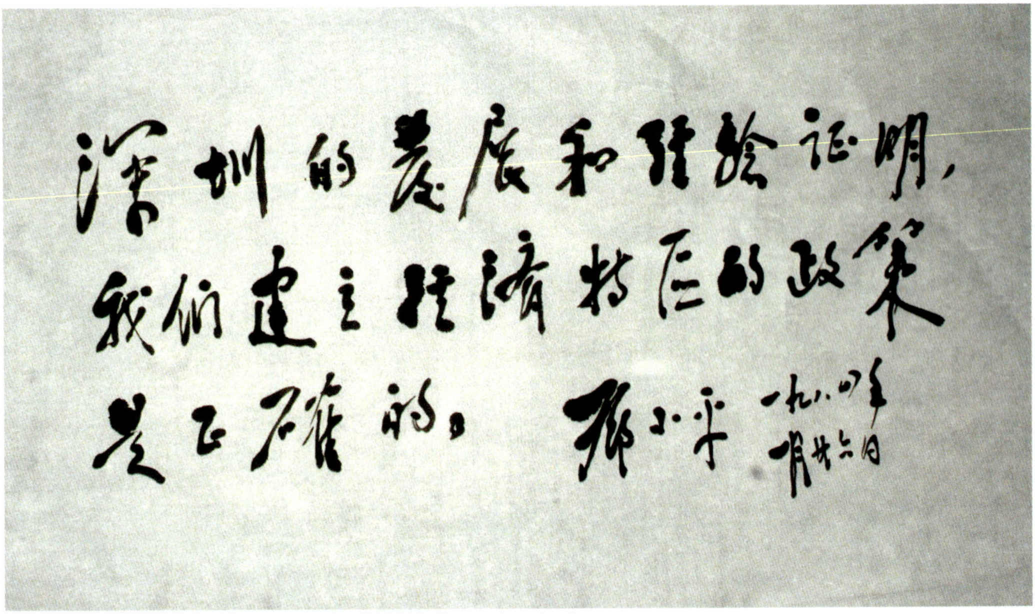

▲ 1984 年 1 月 26 日，中共中央政治局常委、中共中央顾问委员会主任邓小平视察深圳经济特区时为特区题的字。（新华社记者杨绍明摄）

发展的足迹

历史的鸿篇巨制一旦开启，每一页都是崭新的。

“特区是个窗口，是技术的窗口，管理的窗口，知识的窗口，也是对外政策的窗口。”1984 年，邓小平首次来到深圳，为经济特区的发展和全国改革开放指明了方向。

“就是要到在中国改革开放中得风气之先的地方，现场回顾中国改革开放的历史进程，将改革开放继续推向前进。”

2012 年 12 月 7 日，习近平总书记在党的十八大后首次离京考察选择广东，首站即来到深圳前海。

“我国改革已经进入攻坚期和深水区”“敢于啃硬骨头，敢于涉险滩”……在这片改革前沿，习近平总书记向世人宣示了改革不停顿、开放不止步的坚定信念。

站在新时代新起点，在迎来改革开放 40 年的 2018 年全国两会上，习近平总书记在参加广东代表团审议时，又明确提出“以更宽广的视野、更高的目标要求、更有力的举措推动全面开放，加快发展更高层次的开放型经济”。

1982 年 4 月，深圳电子装配厂的工人正在检验即将出厂的十四英寸“佳丽彩牌”彩色电视机。（新华社记者李长永摄）

◂ 深圳蛇口工业区的女工。（新华社发 / 深圳博物馆图）

▲ 1987 年 12 月 1 日，深圳敲响中国土地拍卖第一锤。
（新华社发 / 深圳博物馆图）

▼ 1987 年 12 月 1 日下午，深圳市政府举行土地使用权公开拍卖活动。深圳房地产公司经理骆锦星（举 11 号牌者）以 525 万元的价格，获得了市政府拍卖的一块 8588 平方米住宅用地的使用权，使用期限 50 年。（新华社发）

◂ 2015 年 5 月 22 日，在深圳科技园的大疆创新总部，民用无人机领军者汪滔（中）参与研发人员的讨论。（新华社记者毛思倩摄）

▾ 2017 年 9 月 6 日，深圳华强北赛格电子市场。（新华社记者毛思倩摄）

▲ 2018 年 5 月 10 日，第十四届中国（深圳）国际文化产业博览交易会 1 号展馆现场。（新华社记者毛思倩摄）

► 2017 年 7 月 13 日，工作人员在位于深圳的中国国家基因库操作基因测序仪测序。（新华社记者毛思倩摄）

中英街的见证

一条宽不过 4 米、长不过 250 米的街道，曾作为万千中国人认识世界的“购物天堂”在 20 世纪八九十年代名噪一时，这就是位于深圳和香港交界处的商业街——中英街。

▲ 新中国成立后中英街实行“一街分治”。（新华社发 / 资料照片）

▶ 1986 年，广东深圳市沙头角的“中英街”。图中界碑右侧为港英治理。（新华社记者沈定一摄）

▶ 在 1989 年筑起的沙头角镇街心碑，中、英双方警察各驻一方。深圳和香港分治的“中英街”，地处深圳特区沙头角镇，1989 年已发展成旅游观光的繁华街市。长年驻守在街北的广东省边防局武警第六支队十三中队一排，因维护“中英街”的繁荣而被誉为“护财神”。1980 年以来，一排战士在边防执勤中，共查获走私案 232 起，抓获香港黑社会成员 12 名和内潜破坏分子 28 人，制止流氓斗殴事件 8 起，拒绝贿赂 63 起。1988 年，一排荣立中国武警部队授予的“集体一等功”。（新华社记者毕玥年摄）

▶ 2008 年 11 月 7 日，深圳边防与香港警方在中英街界碑处举行日常工作会晤。中英街曾凭借“一街两制”带来的差价、货源优势，在 20 世纪八九十年代创造了“购物天堂”的商业奇迹，名震一时。但随着中国内地市场经济的日益繁荣，中英街走上了转型之路。（新华社记者孔博摄）

▶ 2015 年 3 月 18 日，各界人士代表在警示日活动上敲响警世钟。当日，深圳举行“中英街 3 · 18 警示日”活动，鸣警世钟 18 响，警示人们勿忘国耻，振兴中华。东江纵队老战士、深港居民、公安边防官兵、学生代表等参加了鸣钟仪式。（新华社发 / 李建帆摄）

▲ 广东边防总队官兵移防深圳时，按照上级指示开山裂石建设深圳经济特区管理线。（资料照片）

2018 年 1 月，国务院批复同意撤销深圳经济特区管理线，这条被称为“二线”的管理线正式退出历史舞台。在业内人士看来，这为区域经济社会协调发展、粤港澳大湾区建设带来更多积极信号。（新华社发）

▲ 广东边防总队官兵铺设深圳经济特区管理线电缆。（资料照片）

从经济特区管理线到粤港澳大湾区

▼ 20 世纪 90 年代，广东边防总队官兵在深圳经济特区管理线哨位上站哨。（新华社发）

▲ 2016年3月1日，学生们在“梦想墙”上张贴自己的梦想。当日，600多名来自粤港澳的青少年代表，共同参加在珠海拱北口岸广场举行的“开学第一课”爱国主题教育活动。本次活动以“共绘同心圆，共筑中国梦”为主题，旨在进一步增强粤港澳青少年民族自豪感和自信心，促进青少年同心同向。（新华社记者刘大伟摄）

► 2016年11月16日，联通深圳、珠海、澳门、香港，以及可以停泊邮轮的深圳太子湾邮轮母港。（新华社记者毛思倩摄）

深圳速度 VS 深圳质量

继蛇口工业区之后，罗湖区也打响了战役，大规模的城市开发和建设全面铺开。1985 年上半年，罗湖城区已建起 60 栋 18 层以上的高层楼宇，当年底竣工的国贸大厦，更是以“三天一层楼”刷新了中国建筑史上的新纪录，成为“深圳速度”的象征。

左图：1983 年 3 月，兴建中的共 48 层的广东深圳国际贸易大厦。（新华社发）
右图：1985 年底竣工的深圳国贸大厦。（新华社记者段文华摄）

◀ 1992年12月，繁华的深圳罗湖商业区一角。1992年1月18日至2月21日，邓小平视察了我国南方的武昌、深圳、珠海和上海等地，并发表重要谈话，强调我们必须坚定不移地坚持党的基本路线，解放思想，实事求是，抓住有利时机，加快改革开放步伐，集中精力把经济建设搞上去，不断地把有中国特色的社会主义事业全面推向前进。（新华社发）

▼ 1979 年，深圳只有 200 家工业企业，总产值仅 7000 万元，到 1993 年，工业企业已达到 10000 多家，工业总产值 480 亿元，增长到近 700 倍。14 年间，深圳已由一个边陲小镇向着具有国际水平的现代化都市迈进。

▼ 2013 年 12 月 7 日，车辆驶过深圳前海一处宣传牌。2013 年 8 月 20 日，深圳市政府在市民中心举办前海金融创新暨金融服务实体经济政策宣讲系列活动。此次活动以“聚焦前海金融创新 促进经济转型升级”为主题。活动主要包括“新批设要素交易中心授牌仪式”“金融服务实体经济政策宣讲推介会”“中小企业融资对接会”3 个主题环节，吸引 600 余家金融机构和中小企业到场。（新华社记者毛思倩摄）

▲ 2016年6月24日，深圳科技园片区。（新华社记者毛思倩摄）

5年间，前海从一片滩涂起步，实现跨越式发展。“前海模式”累计推出制度创新成果358项，全国首创或领先133项，2017年前海实现税收收入344.98亿元，到2018年已拥有7家独角兽企业。

2017年2月14日，深圳市中心。（新华社记者毛思倩摄）

2017 年 11 月 29 日，深圳盐田港。（新华社记者毛思倩摄）

2017 年 9 月 12 日，深圳市中心。（新华社记者梁旭摄）

“改革开放近 40 年，中国最引人瞩目的实践是经济特区。全世界超过 4000 个经济特区，头号成功典范莫过于‘深圳奇迹’。”英国《经济学人》这样评价。

铁一般的事实，昭示着改革开放是当代中国发展进步的必由之路——

生产力得到如此大的释放：深圳 GDP 从 1979 年的 1.97 亿元上升到 2017 年的 2.24 万亿元，仅次于北京、上海，已与曾经差距无比巨大的香港相当。与当年的“逃港潮”形成对比的是，越来越多的香港人如今选择在深圳创业定居。

城市面貌发生了翻天覆地的变化。深圳当初最高楼仅有 3 层，如今超过 100 米以上的摩天大楼已有近 1000 栋；道路里程超过 6000 公里，地铁通车里程 297 公里；拥有近千座公园，被誉为“公园之城”。

党的十八大以来，深圳市始终牢记习近平总书记的谆谆嘱托，扎实践行新发展理念，坚持改革不停顿、开放不止步，加快打造现代化国际化创新型城市。过去 5 年，深圳 GDP 年均增长 9.2%，跻身全球城市 30 强，不断在高质量发展中发力，发展动力持续增强，百姓福祉稳步改善，城市文明进一步提升，绿色发展特质更加凸显，在新时代新征程中不断迈上新台阶。

一部深圳史，就是中国共产党团结带领亿万人民群众掀起波澜壮阔改革开放大潮的实践明证；

一部深圳史，就是中国共产党团结带领亿万人民群众开辟中国特色社会主义道路的生动写照。

此时此刻，站在改革开放 40 年的历史节点上回望深圳、回望中国这段不凡历程，更加深切体会到改革开放对于迈入新时代的中国，既有深刻的历史意义，又有深远的未来昭示。

“只有社会主义才能救中国，只有改革开放才能发展中国、发展社会主义、发展马克思主义。”——习近平总书记在党的十九大报告中的这句话，既是时代的宣示，更是人民的心声。

1.2 | 海南：从边陲海岛到国际旅游岛的华丽蜕变

这是中国改革开放大棋局中的关键落子——

1988 年 4 月 13 日，中国最大经济特区海南设立。30 年砥砺奋进，成就了一个边陲海岛到国际旅游岛的华丽蜕变。

这是中国特色社会主义道路上的昂扬动力——

1978 年到 2018 年，40 年改革开放，浓缩着一个民族奋起直追的伟大跨越。

“改革开放是当代中国发展进步的必由之路，是实现中国梦的必由之路。”“逢山开路，遇水架桥，将改革进行到底。”习近平总书记2018年的新年贺词，吹响了新时代的奋进号角。

伴着激昂的鼓点，新时代的海南正在争创中国特色社会主义实践范例，谱写美丽中国海南篇章。

乘着浩荡的东风，承载 13 亿多中国人民伟大复兴梦想的中华巨轮，将在改革开放新航程上继续劈波斩浪，向着充满希望的明天扬帆远航！

▲ 1975 年 2 月 26 日，广东省屯昌县（今海南省屯昌县）枫木公社市坡大队的干部、社员，在向新平整过的田里送肥。（新华社记者潘家珉摄）

▲ 1979 年 9 月 14 日，海南岛（时隶属广东省）海口市一瞥。
（新华社记者杨震河摄）

▼ 1988 年 3 月，海口城市建筑群。海南岛充分利用中央给予的优惠政策，采取灵活措施，大胆吸收国内外资金和引进先进技术，加快了全岛开发建设的速度。至 1988 年，全岛已形成以加工本地资源为主的橡胶、制糖、纺织三大工业体系和具有海南特色的农业经济结构，交通、通信、能源等基础设施建设也取得了可喜成绩。
（新华社记者于澄建摄）

历史永远铭记，1988 年 4 月 13 日，七届全国人大一次会议通过关于设立海南省的决定和关于建立海南经济特区的决议，一举将海南岛推向中国改革开放的最前沿。

彼时，中国改革开放已进入第十个年头。深圳、珠海、汕头、厦门 4 个经济特区已于 1980 年正式设立，大连、天津、广州等 14 个沿海港口城市也在 1984 年对外开放。

但海南建省办特区的消息仍然震动了世界。

1988 年 4 月 26 日，中共海南省委、海南省人民政府在海口挂牌，我国最年轻的省份和最大的经济特区正式诞生。

▼ 1988 年 4 月 26 日，海口市数万名群众聚集在海南省委、省政府门前，欢庆海南省正式成立。（新华社记者宁光前摄）

▲ 1988 年 12 月，海南省海口市海府路一景。（新华社记者姜恩宇摄）

中国地理版图中，海南独一无二：

浩瀚南海中的唯一热带岛屿省份；陆地面积仅 3.54 万平方公里；海洋面积却达 200 万平方公里，拥有 1823 公里海岸线。

五个经济特区中，海南与众不同：

面积远超深圳、珠海、汕头、厦门四个特区之和；不但有城市，还有占特区总人口 80% 的乡村；经济落后，老少边穷；基础差，起步晚，是一块长期没有开发建设的“处女地”。

这就是 30 年前党中央设立海南特区的“初心”——海南独特的区位优势、资源优势和地理特征，有利于实行更大范围、更高层次的改革开放试验。如果相对落后的海南通过改革开放能发展起来，将对全国产生更强辐射力和推动力，增强人民对中国特色社会主义的信心。

改革开放是当代中国最鲜明的特色。前所未有的胆魄和勇气，伴随着前所未有的艰难与挑战。

历史上，海南岛曾是历代封建王朝贬谪逆臣的“瘴疠之岛”；一个多世纪前，孙中山先生欲将琼州改省、开发琼崖，终因内忧外患，壮志未酬。

建省前，隶属广东省的海南行政区，长期属于我国最贫穷落后的地区之一。85% 的商品靠内地调进，17% 左右的人口未解决温饱……“南海明珠”一直未能闪烁出应有的光彩。

30 年前海南的封闭贫穷，是改革开放前中国的真实写照。

“一张白纸”的海南能不能迎头追赶，能不能搞成经济特区？

面对世纪之问，海南在波澜壮阔的特区建设中高擎改革开放的巨椽，绘就了独一无二的壮美画卷。

1990 年 12 月上旬，海南省对外经济贸易投资洽谈会在海口市举行。国内外 2000 余家客商参加了洽谈会，共达成贸易额 1.4 亿多美元。（新华社记者姜恩宇摄）

1993 年 10 月，海南海口保税区已初具规模。保税仓库、工业厂房已安装完毕。已有国内外 71 家公司企业办理入区审核、工商登记手续，20 多家企业完成了海关注册。（新华社记者陈小鹰摄）

2010年8月13日，建设中的海南东环铁路海口段。（新华社记者郭程摄）

到 2007 年，海南地区生产总值从建省初期的 57 亿元增长到 1200 多亿元，地方财政收入由 2.96 亿元增长到 150 多亿元，城镇居民人均年收入由 945 元增长到 10900 元，农民人均年收入由 502 元增长到 3842 元。

◀ 海口市海府路今昔对比。

上图：1988 年 12 月。（新华社记者姜恩宇摄）

下图：2018 年 4 月 14 日。（新华社记者郭程摄）

海口市龙昆南路今昔对比。

上图：1993 年 6 月 30 日。（新华社记者姜恩宇摄）

下图：2018 年 4 月 14 日。（新华社记者郭程摄）

2018年5月22日，海南生态软件园。近年来，位于海南老城经济开发区的海南生态软件园探索建设“微城市”模式，在保护并特色塑造原有自然生态底色的基础上，系统打造对标国际一流科创园区的配套设施和服务，园区内教育、医疗、文化、商业、休闲等配套设施一应俱全，把互联网人一天工作、生活、休闲、商务等需求规划在15分钟步行距离内，实现人才对美好生活的追求，让人才引得来、留得住、发展好，以人才推动生态软件园健康有序发展。据介绍，截至2018年3月，包括腾讯、华为在内的2632家企业落户海南生态软件园。2018年1至4月，园区税收7.97亿元，同比增长60.22%。（新华社记者杨冠宇摄）

博鳌的变迁

▼ 1965 年，琼海县（今琼海市）博鳌公社博鳌大队的社员在收早稻。（新华社记者汪振华摄）

▲ 2001 年 3 月 1 日，美丽的博鳌水城。博鳌水城位于海南省琼海市博鳌镇，濒临南海，规划面积为 40 多平方公里，是著名的万泉河入海口所在地，成为“博鳌亚洲论坛”永久会址。这里完整地保存了热带水域的原生态。漫步博鳌水城，可领略融江、河、湖、海、山麓、岛屿于一体，集椰林、海滩、奇石、温泉、田园精华于一身的热带风光。（新华社记者陈小鹰摄）

碧海映空，春潮拍岸。

万物勃发的季节，海南迎来了建省办经济特区 30 周年。2013 年，正是此时，习近平总书记考察海南，开启了海南新一轮跨越式发展的浩荡征程。

党的十八大以来，以习近平同志为核心的党中央高瞻远瞩、统筹谋划，立足海南实际，

作出一系列重大决策部署，为新时代海南发展指明了前进方向、规划了清晰路径，推动海南经济社会各项事业取得历史性成就、实现历史性变革，创造了中国特色社会主义的实践范例，谱写了美丽中国的海南篇章。

2018 年 3 月 22 日，无人机航拍的海南省琼海市博鳌镇的博鳌亚洲论坛国际会议中心。（新华社记者郭程摄）

三亚的变迁

在三亚市鹿回头景区鸟瞰三亚市景今昔对比。
上图：1991 年 2 月。（新华社记者姜恩宇摄）
下图：2018 年 4 月 4 日。（新华社记者郭程摄）

30 年来，海南实现了从封闭落后的边陲海岛到欣欣向荣的国际旅游岛的大跨越——

航空航线由当年 4 条拓展到 400 多条，开通国内外货运航线 337 条、邮轮航线 14 条；海口、三亚、博鳌三大机场相继建成，海南空港年吞吐量超过 4000 万人次；4G、光纤全覆盖，所有行政村实现村村通公路……

30 年来，海南基础设施已极大改善。全省实现地区生产总值增长 21.8 倍，地方一般公共预算收入增长 226.8 倍。

进入新时代，海南的经济增速年年高于全国平均水平，经济总量实现两个千亿级的跨越，生态环境质量保持全国一流。

30 年来，海南实现了从人民群众基本温饱尚未解决到迈向全面小康的大跨越——

“三梁六柱一间房，几块竹片一张床，三块石头垒个灶，一根山藤挂衣裳。”昔日海南的贫困地区，曾流传过这样苦涩的山歌。

与 1987 年相比，海南城乡居民收入分别增长 30.3 倍和 24.7 倍。党的十八大以来，海南实施脱贫攻坚战略，彻底消灭了少数民族地区的茅草屋，减少贫困人口 61.7 万人，贫困发生率由 12.3% 降至 1.5%。2018 年，海南将实现 5 个国定贫困县全部摘帽出列。

30 年前，“十万人才下海南”掀开了海南跨越式发展的新篇。

30 年后，旅游业、互联网产业、医疗健康产业、金融服务业、海洋产业……来自更多新兴行业的“新闯海人”，正托起海南充满希望的明天。

2018 年春天的南海之滨，清冽的万泉河水涌动着希望的春潮奔向深海，远处古老的临高角灯塔发出的闪耀光芒照向远方。

1.3 | 浦东：从窗口到试验田——改革开放先行者

28年前（1990年），党中央、国务院作出了开发开放浦东的战略决策，上海和浦东由此踏上了改革开放的快速道。

28载倏忽而逝，曾经农田广袤、房舍低矮的浦东早已今非昔比。

当年“宁要浦西一张床，不要浦东一间房”的僻壤，如今面貌一新，已成人才荟萃、要素资源集聚的“宝地”，成为国际化大都市的一张亮丽名片。比数据和形象更重要的，是功能与环境的提升——不仅具备了一流的发展硬环境，更初步形成了与国际接轨的发展软环境。

实施国家战略，是上海的光荣使命与担当，也是上海的发展契机。回眸28年，浦东开发开放历程见证着国家战略的高瞻远瞩，体现了抓住机遇先行先试的价值和成果。展望未来，浦东将继续勇当新时代全国改革开放、创新发展的标杆，在新的更高起点上再出发，以更大的责任担当、更好的精神状态当好排头兵中的排头兵、先行者中的先行者。

▼ 1960 年，上海市浦东县严桥人民公社同心生产队的社员们在收割晚稻。（新华社记者唐允仁摄）

▲ 1989 年 4 月，准备开发的上海浦东地区一角。前景中的高层建筑为第二条黄浦江隧道通风口。（新华社记者杨溥涛摄）

▼ 1989年9月，浦东开发开放前的上海陆家嘴地区全景。（姚建良摄）

2017 年 4 月 15 日，上海陆家嘴。（新华社记者丁汀摄）

1995年4月，浦东陆家嘴金融贸易区远眺。1995年，东方明珠电视塔成为上海标志性建筑。（新华社记者张郇摄）

▲ 1988 年 5 月 3 日，前来参加“上海市浦东新区开发国际研讨会”的 140 多位中外专家，实地踏勘了浦东。此时待开发的浦东新区将建设成包括高速公路、国际机场、工业小区、新技术工业区、“离岸金融中心”和城市生活区在内的现代化新城区。上海市对开发浦东新区在外贸、金融、投资、房地产、财政、价格等政策上给予极高的开放度。（新华社记者任珑摄）

1990 年 4 月 18 日，党中央国务院提出了“开发浦东，振兴上海，服务全国，面向世界”的方针，向世界宣示了处于历史转折点上的中国将举什么样的旗、走什么样的路，也为上海指明了发展的方向。从此，一幕精彩瑰丽的开发开放大戏在上海、在浦东上演。

▲ 1990 年 4 月，上海第三航务工程勘察设计院的专家正在进行外高桥新港区工程建设可行性研究。外高桥位于长江口，是长江东西运输的起止点，一期工程包括 4 个万吨级顺岸式泊位。它建成后可带动浦东经济区的整体开发。（新华社记者杨溥涛摄）

▲ 1991 年 5 月，沟通浦东新区与上海市区的南浦大桥主桥正在由两岸向江心延伸。（新华社记者张平摄）

◀ 1991 年 5 月 6 日，从上海浦西向浦东送电的 22 万伏高压过江线路正在更换。新线路为铝合金耐热导线，可以把闵行发电厂向浦东输送的电力增加 1 倍。（新华社记者张平摄）

▸ 1994 年 9 月 7 日，上海浦东外高桥保税区汤臣国际贸易大楼落成，这幢大楼是台湾汤臣集团在上海 28 个投资项目中最先完工的一个。图为汤臣集团董事长汤君年（中）在落成仪式上与浦东人士互致庆贺。（新华社记者张郇摄）

▸ 1997 年 8 月 14 日，上海金茂大厦钢结构安装圆满成功。位于上海浦东的金茂大厦总高度为 420.5 米，为当时中国第一、世界第三的钢结构超高层大楼。（新华社记者张明摄）

◀ 2013年9月26日，地处中国（上海）自由贸易试验区内的外高桥保税区码头远眺。2013年9月29日，中国（上海）自由贸易试验区正式挂牌，范围包括上海外高桥保税区、外高桥保税物流园区、洋山保税港区和上海浦东机场综合保税区等4个海关特殊监管区域。从当年深圳特区的“贸易自由”到上海自贸区的“金融自由”，是中国加入WTO后更高层级的开放，在上海自贸试验区新的制度创新驱动下，位于浦东新区的这块28.78平方公里的前沿阵地，将见证中国经济发展奇迹更精彩的“第二季”。（新华社记者陈飞摄）

据不完全统计，截至2018年4月，外高桥集聚了跨国公司营运中心221家，跨国公司地区总部73家，亚太运营商企业42家；外高桥保税区全年进出口贸易量，从2010年的560亿元，到2017年9220.1亿元，7年增长到近16.5倍，形成了国际贸易、加工制造、现代物流和仓储四大产业。

2018 年 3 月下旬，我国第一个国际化期货品种——原油期货在浦东的上海国际能源交易中心上线交易。锣声一响，举世关注。

原油期货的设计特点，可用十七字概括，即“国际平台、净价交易、保税交割、人民币计价”。字里行间，处处透着开放的理念。

这样的全国“第一”，在浦东开发开放 28 年的历程上，还有数十个：

1990 年，中国第一个保税区——浦东的外高桥保税区批准建立。

1995 年，第一家进入中国的外资银行——日本富士银行上海分行在浦东开张营业。

2001 年，中国第一家合资基金管理公司在浦东成立。

2013 年，中国首个自贸区——中国（上海）自由贸易试验区从浦东起航……

今天，无论是陆家嘴大屏上牵动国际金融神经的交易数字，还是洋山深水港内满载货物等待出发的远洋巨轮，都佐证着——开放是浦东的基因。

开放成就了浦东。地区生产总值从开发开放之初的 60 亿元到 2018 年有望突破 1 万亿元，28 年来浦东经济总量增长到近 160 倍。

▲ 中美合资上海露美庄臣化妆品有限公司在上海浦东金桥出口加工区总投资 5000 万美元兴建现代的化妆品工厂，1991 年 10 月 22 日与上海金桥出口加工区开发公司在场地使用预约协议上签字，这是上海浦东宣布开发区后第一家投资最大的工业性企业。（新华社记者徐义根摄）

◄ 1993 年 1 月 24 日，上海浦东新区的许多孩子在家长带领下，来到刚刚开办的“好孩子英语角”参加活动。这个英语角是浦东新区第一个英语角，免费向社会提供服务。孩子们可以在英语老师的指导下，练习和提高口语的水平。

（新华社记者徐义根摄）

► 1993 年 2 月 22 日，上海浦东新区首期股票投资讲习班开课的第一天，100 多学员前来听课。本次讲习班聘请股市专家周家骏讲解股市动态、传授股市分析技术和股票投资基础知识。

（新华社记者柳中央摄）

▲ 2016年3月17日，上海市浦东新区市场监督管理局代表（左）向上海翌恒网络科技有限公司颁发食品经营许可证。当日，上海发出全国首张针对网络订餐品牌的食品经营许可证，获得该证的是上海翌恒网络科技有限公司。该公司旗下的“盒马外卖”，是一个从食品研发、生产到物流配送完全自营的网络订餐品牌。这标志着各网络平台主推的网络订餐服务在经过“野蛮生长”后，将逐步进入“许可证”时代。（新华社记者裴鑫摄）

▲ 2018年4月1日，我国进入环境保护税首个征期。当天上午，巴斯夫新材料有限公司财务人员从上海浦东新区税务局工作人员手中，接过上海市开出的首张环境保护税税票。这也是全国首张环境保护税税票，标志着环境保护税在全国顺利实施。（新华社记者方喆摄）

建设者故事

▲ 1991 年，浦东地区的许多年轻人在夜校里学英语，以期在开发建设中更出色地工作。（新华社记者张平摄）

▲ 2000 年 4 月 13 日，来自英国的外国专家克瑞斯·斯诺克在上海浦东罗氏制药有限公司工作。他与夫人在上海领养了一个孤儿起名露西，小露西的到来给他们的生活增添了无穷的欢乐。（新华社记者张耀智摄）

► 2018 年 5 月 24 日，中国（上海）自由贸易试验区第三届外籍高校毕业生专场招聘会在上海浦东新区人才交流中心举行。图为前来参加招聘会的求职者在现场填写个人信息登记表格。（新华社记者方喆摄）

“中国开放的大门不会关闭，只会越开越大。”站在改革开放 40 周年的新起点上，中国再次发出扩大开放的最强音。

浦东，中国对外开放最为闪亮的路标。改革不停顿，开放不止步。步入新时代，在构建开放型经济新体制的探索中，浦东以开放新作为拓展发展新优势，继续走在最前沿。

1.4 青岛：从“青岛样板”到“国际化＋”

青岛是中国首批14个沿海开放城市之一，从依托开放政策打造“中国制造”的“青岛样板”，到构建全方位开放格局，再到实施更高层次的“国际化＋”行动，这个北方重要的港口城市，成为中国不断扩大开放并取得斐然成就的缩影。

▶ 1972年11月，青岛第一海水浴场。

开放新篇

开放带来进步。1984 年，中央作出进一步扩大对外开放的决策。当年 5 月，青岛改革开放史上书写了极为重要的一页：青岛第一家中外合资企业——青岛华和国际租赁有限公司宣告成立，这也是山东省的第一个外资项目。

通过开放之门，越来越多的外资企业在青岛落地开花。截至 2017 年底，青岛累计实际利用外资超过 600 亿美元，大众、西门子、庞巴迪、亚马逊、高盛等 141 家世界 500 强企业在青岛投资 271 个项目。2017 年，青岛实际使用外资和增幅在全国计划单列市中名列前茅。

上图：1996 年，青岛五四广场及周边。（新华社发 / 张岩摄）

下图：2018 年 4 月 16 日，无人机航拍的青岛五四广场及周边。改革开放 40 年来，青岛作为我国首批沿海开放城市，已经成长为一座富有活力、时尚美丽、独具魅力的国际化城市，并成为新亚欧大陆桥经济走廊主要节点和海上合作战略支点的“双定位”城市。（新华社记者郭绪雷摄）

2018 年 6 月 1 日，青岛奥帆中心及周边景色。（新华社记者郭绪雷摄）

1949 年，张瑞敏出生在山东青岛一个普通的工人家庭。童年时代，他就显露出极强的求知欲，课余时间喜欢参加各种兴趣小组，喜欢拆装收音机，喜欢总结经验搞发明。1968 年，高中毕业后进入一家五金厂当工人。为了掌握一技之长，张瑞敏报考了夜大，他白天在工厂上班，每天下班后骑自行车走很长一段路去夜大学习机械制造技术，这期间他经常用学到的知识进行革新实验，经手的一系列技术改造项目给濒临绝境的小厂带来转机。

1984 年，35 岁的张瑞敏来到了海尔的前身青岛电冰箱总厂担任厂长。这家集体小厂当时人心涣散，呈现在张瑞敏面前的是这样一幅景象：工厂资不抵债，亏损 147 万元；木窗被员工取下来烤火；有人偷拿工厂物资；甚至有人在车间大小便……张瑞敏上任后带人到德国引进技术，拉开了海尔铸就世界白色家电第一品牌的序幕。

▲ 1971 年 7 月，张瑞敏到北京出差时在天安门广场留影。（资料照片）

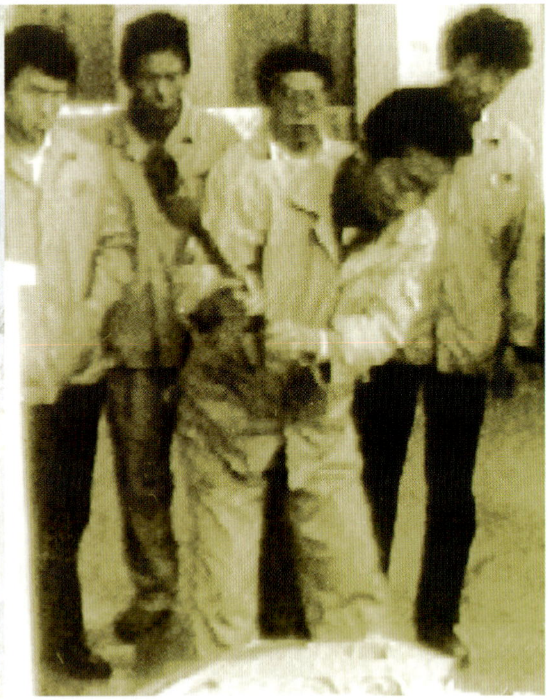

▲ 1985 年，海尔的前身青岛电冰箱总厂厂长张瑞敏（前）砸掉 76 台质量不合格的冰箱。（资料照片）

“要么不干，要干就争第一”，张瑞敏一开始就制定了海尔的发展战略：名牌战略。1985 年，张瑞敏查出仓库内 76 台冰箱有问题，为了树立质量意识，他当场决定砸掉这 76 台不合格的冰箱！这一锤，砸醒了职工的质量意识，更坚定了海尔走“名牌战略”的发展道路！

▲ 海尔文化馆里陈列的“青岛电冰箱总厂”的厂牌。（新华社记者李紫恒摄）

▲ 1987 年 6 月 5 日，张瑞敏（左）在检查电冰箱质量。（新华社记者时盘棋摄）

▲ 1986 年 12 月 10 日，“琴岛—利勃海尔”电冰箱生产线。青岛电冰箱总厂引进、吸收国外技术，严格按照国际标准组织生产，使“琴岛—利勃海尔”牌电冰箱质量达到国际先进水平，在 1986 年春季广交会上，外商一次订货达 13500 台。（新华社记者王呈选摄）

▲ 1993 年 4 月，张瑞敏（中）在总装车间了解生产情况。（资料照片）

当海尔逐步成长为国内著名品牌时，张瑞敏认为：“国门之内无名牌”，要走出国门创出属于中华民族的品牌！1999年，海尔的一个举动让中国人扬眉吐气：海尔在美国南卡罗来纳州征地，建立了美国海尔工厂。当鲜艳的五星红旗在美国土地上迎风招展时，在场的中国人心中无不充满自豪！

海尔以品牌为主导，规模迅速扩张，几年内兼并了国内10余家亏损企业，从单一的冰箱发展成为拥有空调、洗衣机、彩电、电脑、手机等系列家电产品；在中国、美国、意大利、巴基斯坦、约旦等全球市场建立了30个制造基地，形成了全球化的网络，品牌美誉不断提升，两次被英国《金融时报》评选为“中国十大世界级品牌”。

▲ 海尔集团郑州空调互联网工厂车间内的生产景象。（资料照片）

▲ 2015年4月1日，海尔集团董事局主席兼首席执行官张瑞敏。张瑞敏能被“制造”吗？他自己的回答是：能。大型企业在“互联网+”时代该怎么从求生存，转型到求创新。张瑞敏的方法是：解构。10年历程，海尔集团这个世界最大的白色家电企业通过自身再造，正由中国最大的家电制造企业整体转型为创业平台，为大型企业在“互联网+”时代蹚出一条转型的新路。（新华社记者郭绪雷摄）

► 2018年5月11日，位于青岛的海尔董事局新大楼。今天的海尔已在全球建立10大研发中心、108个制造工厂，产品遍及全球160多个国家和地区。（新华社记者李紫恒摄）

通过技术、资金的引进与合作，青岛一批制造业企业在对外开放大潮中迅速成长起来，以海尔、海信、青啤、双星、澳柯玛为代表的“五朵金花”开始闪耀海内外。

目前，青岛累计培育出 68 个中国名牌、580 个山东名牌、709 个青岛名牌，成为中国名副其实的“品牌之都”。

在“引进来”的同时，众多青岛企业和品牌也不断迈出“走出去”的步伐。今天的海尔已在全球建立 10 大研发中心、108 个制造工厂，产品遍及全球 160 多个国家和地区。自 2009 年以来海尔 9 次蝉联全球大型家用电器品牌零售量第一名。

中车四方的高铁和其他轨道交通装备，在经过引进、消化吸收和创新后，已经成为飞驰到世界各地的国际品牌。从非洲的坦桑尼亚、尼日利亚到亚洲的缅甸、新加坡，再到南北美的阿根廷、巴西和美国，中车四方的高品质轨道交通装备受到越来越多海外市场的热捧。

在中车四方所在的青岛城阳区，一座以国家高速列车技术中心为核心的产城融合、宜业宜居的“世界动车小镇”惊艳亮相。

截至 2017 年底，青岛与全球 215 个国家和地区建立贸易往来；累计对外投资项目 1542 个，投资总额达 295.5 亿美元，涉及全球 99 个国家和地区。

青岛 40 年锲而不舍地拼搏，成就了“黄海明珠”的“颜值和气质”。2016 年青岛进入 GDP“万亿俱乐部”，2017 年总量更达到了 11037 亿元。

“国际化＋”

自 2016 年成立以来，青岛国际院士港签约引进院士 100 多名。

院士港确立了“三三制”原则，即中国籍院士、华裔外籍院士和纯外籍院士各占三分之一，目的就是吸引更多海外院士项目在国内落地，为新旧动能转换提供国际创新驱动力。

青岛国际院士港是青岛筑巢引凤、全方位对外开放的一个缩影。近年来，青岛市在科技、文化、旅游、体育等领域搭建平台，吸引国际高端资源入驻，深度融入“国际朋友圈”。

如今的胶州湾畔已建设了邮轮母港，打造中国北方邮轮中心。“欧罗巴号”“喜悦号”等世界豪华邮轮纷纷到访。自 2015 年开港以来，这个母港吸引了 220 航次邮轮，接待出入境邮轮旅客 23 万人次。

以 2008 年举办北京奥运会帆船比赛为契机，青岛打造“帆船之都”：克利伯环球帆船赛 7 次到访，沃尔沃环球帆船赛、世界杯帆船赛等国际品牌赛事纷纷登陆，自主品牌赛事快速成长。

▼ 2018 年 4 月 11 日，青岛国际院士港一楼的展厅里，墙上挂着来自世界各地的院士照片和简介 100 多张。（新华社记者李紫恒摄）

修建于1892年的栈桥，今天已成为青岛对外开放勃勃生机的见证者。图为2018年5月4日，青岛栈桥。（新华社记者郭绪雷摄）

▶ 2018年5月7日，在青岛胶州湾国际物流园，龙门塔吊正在往中亚（青岛）国际班列上装载货物。青岛是新亚欧大陆桥经济走廊主要节点和海上合作战略支点的“双定位”城市。截至2018年5月，2010年开行的中亚（青岛）国际班列青岛地区已开行3039列。中亚（青岛）国际班列成为连接东亚及我国东部沿海地区和中亚国家海铁联运的贸易通道，密切联系着青岛与上合组织有关国家的经贸往来。（新华社记者郭绪雷摄）

对标瑞士少女峰等世界一流景区建设崂山风景区；对标好莱坞建设国际影视产业基地；促成德国青年足球训练体系全面进入青岛……

这都是青岛市实施国际城市战略的生动实践。2016年以来，青岛以“国际化+”行动计划为抓手，构建开放型经济新体制，加快形成全面开放新格局。

“品牌之都”“帆船之都”“啤酒之都”等，已成为青岛一张张闪光名片。

普华永道新近研究编制的一份评估报告认为，青岛已经从初级国际城市，成长为承载着地区经济中心、国际资源聚集地和对外交流门户等职能的较高等级国际城市。

敞开胸襟，拥抱世界。

2018年5月7日，青岛邮轮母港。（新华社记者郭绪雷摄）

青岛这个“弄潮儿”手把红旗，勇立潮头，一个全面开放的新格局呼之欲出。

青岛积极探索建立“走出去”与“引进来”互动协调推进实施“一带一路”建设新模式。2017 年，青岛先后在“一带一路”沿线 26 个国家举办了 39 场以“通商青岛新丝路、经济合作新伙伴”为主题的“丝路对话”活动，引进世界 500 强 46 家，“走出去”企业达 1400 多家。

青岛目前已开通了中亚班列、中欧班列、中蒙班列、中韩快线和东盟专线 5 条国际班列。2016 年至今，青岛港先后与吉布提港、埃及塞得港、马来西亚巴生港、俄罗斯圣彼得堡港等“一带一路”沿线港口建立友好港关系。

青岛与上合组织实业家委员会共建了欧亚经贸合作产业园区。2018 年 4 月，商务部正式同意支持在该园区建设“中国—上合组织地方经贸合作示范区”。“这将进一步提升青岛欧亚经贸合作产业园在上合国家的影响力。”青岛市商务局相关负责人说。

2018 年 6 月 9 日至 10 日，上海合作组织青岛峰会在山东青岛召开。这是 6 月 9 日晚在青岛举行的《有朋自远方来》灯光焰火艺术表演。（新华社记者普布扎西摄）

数字显示，2017 年青岛与上合组织成员国贸易实现 46 亿美元，同比增长 9.8%。到 2017 年年底，青岛在上合组织成员国投资设立 74 个项目，上合组织成员国在青岛累计投资项目 162 个。

40 年来，青岛的发展得益于开放，未来，青岛经济要取得高质量发展，也必须始终挺立开放的潮头。

征程万里风正劲，重任千钧再奋蹄。

青岛，这颗美丽的“黄海明珠”，必将镌刻着上合峰会浓墨重彩的印记，再次乘风远航。

特写：青岛市民家庭记账本上的中国改革开放 40 年

▲ 王路珑保存的自家 1978 年的账本（下）和 2018 年 4 月 18 日刚记的账目。（新华社记者李紫恒摄）

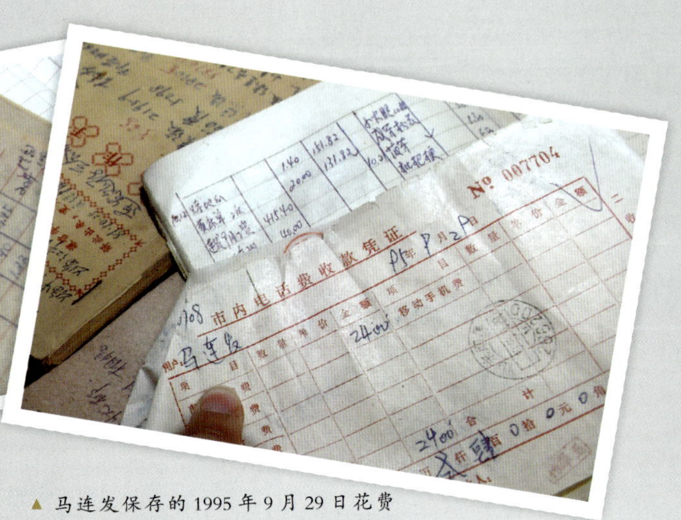

▲ 马连发保存的 1995 年 9 月 29 日花费 2400 元装电话的收款凭证。（新华社记者李紫恒摄）

青岛市市北区合肥路街道居民马连发，把 40 年来记的 14 本家庭账本以及粮票、液化气证、粮油供应证、副食品证等“老物件”摊在茶几上，展示给记者，叙说着往事，回忆从苦到甜的生活，感慨不已。

2018 年，马连发 68 岁，他于 1977 年和妻子王路珑结婚。1978 年，中国开始实行改革开放政策，他也恰巧开始记家庭账本，大小收支几乎一笔不落。家境越来越殷实、消费品数量越来越多、档次越来越高……从一本本发黄的账本中，可以感受到这个家庭生活的巨大变化，折射着改革开放以来中国市民生活的巨大变迁。

“我们记账本，初衷是传承勤俭持家的家风。”马连发说。马连发家中目前留存着 14 本家庭账本，其中有 6 本是岳母一家的——她家也有记账本的习惯。账本封面已经发黄，上面写着“勤俭持家”四个字。

账本里，清楚地记录着家庭的每一笔收入、支出，详细记录着消费的物品、时间、价格等。“那个时候工资低，不得不精打细算地过日子。”马连发说，1978 年他的月工资只有 36 元，王路珑是 32 元。最基本的吃喝花费，还有给双方老人各 5 元的赡养费之后，每月两人就所剩无几了。

由于上下班不方便，两人开始打算买一辆自行车。“凤凰牌，1983 年买的，花了 194.9 元。这是我们家的第一个‘大件’，我们印象特别深刻。”马连发说，攒够买自行车的钱，花了他们整整 5 年的时间。

随着马连发夫妻两人工资收入的逐渐提高，账本上显示的家庭收支结余逐渐增多，家庭购买物品更加丰富，消费层次也在不断升级。从 1978 年至 1988 年，马连发家“高档”的大件依然寥寥无几，仅有两辆自行车、一台缝纫机、一台“三洋”录音机、一台“百乐”手风琴、一块手表、一座石英钟、一台电冰箱。

自从 1989 年花 3999 元购买了当时质量最好的德贝立式大冰柜之后，马连发家中陆续出现了更多高档消费品。如 1995 年 9 月 29 日花费 2400 元装的电话机、1997 年价值 1800 元的皮大衣、2007 年花 53 万元购买的新商品房、2010 年花 8 万元买的家庭第一辆小轿车、2011 年价值 33600 元的钢琴……2018 年 4 月 13 日，一辆价值 23 万元的“升级版”新轿车，又成为家庭“新成员”。现在，马连发的月退休金达到了 6649 元，王路珑也达到了 2956 元。

翻阅着一张张老得发黄的粮票、液化气证、粮油供应证、副食品证，回味着凭票购物的计划经济年代，对比着当前越来越丰富的商品、越来越便利的网上购物，马连发感叹不已。“今年 1 月份，我还在淘宝上从天津买了一台‘鹦鹉’手风琴，花了 1860 元。”王路珑说。

现在，马连发夫妻除了接送孙辈上学，还自愿参加了合肥路街道“星火”百姓宣讲团，用自己亲身的经历告诉人们：“这就是我们家在改革开放中的幸福感和获得感。幸福是奋斗出来的！”（苏万明 / 文）

◄ 现在，马连发夫妻除了接送孙辈上学，还自愿参加了合肥路街道“星火”百姓宣讲团，用自己亲身的经历告诉人们：“这就是我们家在改革开放中的幸福感和获得感。幸福是奋斗出来的！”

▲ 2018 年 4 月 18 日，马连发手持收据介绍 1987 年花 160 元购买的“百乐”牌手风琴。妻子在一旁试奏刚从在淘宝上花 1860 元购买的“鹦鹉”手风琴。（新华社记者李紫恒摄）

► 2018 年 4 月 18 日，马连发和妻子王路珑将 40 年来记的 14 本家庭账本以及粮票、液化气证、粮油供应证、副食品证等“老物件”摊在茶几上。（新华社记者李紫恒摄）

1.5 | 厦门：蝶变密码

东海之滨，鹭岛厦门。这里千年浪涌，潮涨风起。

“城在海上、海在城中”——初到厦门的人，第一印象往往是宽广的海洋。厦门位于九龙江入海口，古称“下门”，自明朝始筑，就与海相伴相生。

临海听风，气象万千。厦门，因其独特区位与历史际遇，与近现代中国命运紧紧勾连。

——19世纪40年代，西方列强的舰炮敲开了封闭的中国大门，厦门成为“五口通商”口岸之一，以一种屈辱的方式被迫向近现代社会艰难转型。

——20世纪80年代，厦门成为全国经济特区之一，用自己的探索和实践书写古老国度对外开放的新篇章。

——21世纪初，位处陆海两条丝绸之路交汇点的厦门，正大踏步走向世界，拥抱未来……

厦门，中国东南沿海的“海上花园”，是我国最早设立的四个经济特区之一。历史上，厦门一带曾是海上丝绸之路的重要港口，今天厦门又成为“一带一路”的支点城市。

当中国改革开放的航船扬帆出港，历史的坐标就将其定位为中国最早设立的四个经济特区之一。这个曾经偏僻的海防小城，在40年改革开放中破浪前行，昭示出中国城市蝶变的密码。

1972年11月21日，厦门市一角。（新华社发）

东南“海上花园”

1980 年 10 月 7 日，国务院批复同意在厦门岛西北部的湖里地区划出 2.5 平方公里土地设置厦门经济特区。1981 年 10 月 15 日，随着平整厂房用地的一声炮响，厦门经济特区建设拉开序幕。

► 2006 年 12 月 17 日，厦门筼筜湖周边景观（今日筼筜湖就是昔日筼筜港）。截至 2006 年，厦门经济特区由最初的规划面积 2.5 平方公里扩展到 1569 平方公里，国民生产总值从 7.41 亿元增加到 1160 亿元，厦门经济飞速发展，城市面貌发生翻天覆地的变化。

▸ 昔日的厦门筼筜港。
（新华社发）

2017 年 8 月 24 日，厦门筼筜湖周边夜景。（新华社记者李鑫摄）

1984年8月25日，厦门特区簧筜的新建筑群。
（新华社记者黄兴泉摄）

1982 年初成立的厦新电子有限公司，是厦门经济特区第一家中外合资企业。该公司引进一条彩色、黑白兼容的电视机生产线，主要生产电视机、彩色录像机、摄像机等，产品质量优良。厦新电子有限公司是由厦门建设发展公司、厦门电子工业公司和香港新利贸易有限公司合资经营的。图为 1983 年 3 月，技术人员在检验 20 英寸彩色电视机。（新华社记者程曦摄）

厦门经济特区建设足迹

▲ 1981 年，为了适应特区建设需要，厦门特区管理委员会委托厦门大学培训外语人才 150 名。图为这些学生正在认真学习外语。（新华社记者李开远摄）

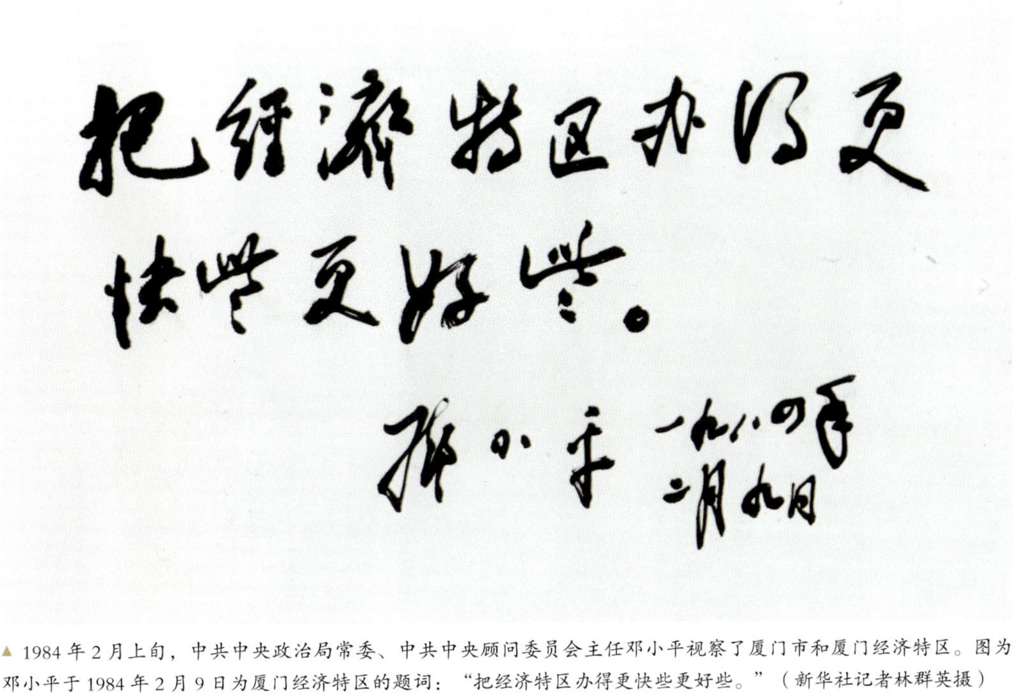

▲ 1984 年 2 月上旬，中共中央政治局常委、中共中央顾问委员会主任邓小平视察了厦门市和厦门经济特区。图为邓小平于 1984 年 2 月 9 日为厦门经济特区的题词：“把经济特区办得更快些更好些。”（新华社记者林群英摄）

▲ 至 1984 年，厦门特区已与 80 多个国家和地区建立了贸易关系。图为厦门鼓浪屿无线电器材厂从日本引进铝电解电容器自动生产线，生产的产品质量优良，供国内 100 多家工厂使用。（新华社记者黄兴泉摄）

◄ 随着厦门经济特区建设的发展，一批有才干的经营管理人员已经成长起来。图为 1984 年 8 月，厦门卷烟厂厂长刘维灿（左）在车间了解骆驼牌香烟生产情况。（新华社记者黄兴泉摄）

▶ 1985 年 11 月 28 日，我国第一家中外合资银行——厦门国际银行在厦门经济特区开业。（新华社记者黄兴泉摄）

▶ 1985 年，毕业生在厦门第一幼儿园实习。随着厦门经济特区的发展需要，自 1980 年至 1985 年，厦门特区在 16 所高中里办起水产加工、水产轮机、纺织、感光化学、电子、交通、机械、财会、烹饪、旅游服务、企业管理等 78 个班，31 个专业，学生数达 3166 人，占全市高中学生数的 35.7%。厦门六中幼师职业班 1984 年毕业 37 人，走上工作岗位后受到社会好评。（新华社记者黄兴泉摄）

▼ 1985 年 11 月 25 日至 11 月 29 日，福建省政府和联合国工业发展组织联合举办的福建省投资促进会在厦门经济特区举行。来自 26 个国家和地区的 200 多家厂商代表参加了这次促进会。会议期间，福建省与客商签订了 8 项合同，50 项协议和意向书。图为厦门鱼肝油厂与菲律宾东河贸易公司签订合资经营调味品、保健食品和饮料的合同。这是鱼肝油厂的工作人员正与外商洽谈。（新华社记者黄兴泉摄）

1985 年，国务院批准将厦门经济特区范围扩大到全岛。这年夏天，习近平风尘仆仆从河北南下赴厦履新，担任市委常委、常务副市长。

时任厦门市体改委副主任朱丽水回忆，习近平到厦门后分管体制机制改革，直接领导推动了一系列棘手的改革探索。“放水养鱼”就是其中之一，激活了厦门港，也激活许多身处困境的国企。

到厦门不久，习近平高大的身影出现在东渡码头，迎海风极目远眺。他踱步走到桥吊旁，抬头望着这几十米高的大家伙，询问工作人员它们能吊多少货。这是厦门港仅有的两台桥吊，一个吊一年仅完成 3.5 万个标箱，香港同样的吊每年却能完成 12 万个。通过数次到现场调研，仔细听取企业干部员工意见，习近平把问题搞清楚了——运输能力不够，设施不完善，流程环节不配套，而政府没有更多的钱给企业完善设施。

微利或微亏，这不仅是厦门港务局的窘境，也是当时厦门绝大多数国企的难题。

“习近平同志对我们说，政府不要你们利润，你们赚来的钱，财政一分都不要，利润留给你们，但你们必须答应一条，赚了钱首先用来完善设施。”一位老港务人回忆当时一次会议的情景。

改革，因问题倒逼。厦门在全国率先出台税利分流措施，全市 66 家预算内国营工业企业实行税利分流、税后还贷，针对不同企业，采取不同上交比例。其核心目的是，除交税外，尽可能把红利留给企业发展生产。改革第一年，厦门港务局就赚了 2000 多万元，没几年赚了 7 亿多。

时任厦门市财政局党组书记沈丹回忆，习近平非常重视这项支持企业发展的利改税政策，事实也证明这项改革非常有效，国企得到迅速发展。

那时的厦门，怎么建经济特区，尚无经验可循。习近平此番到厦门来，“就是想尝试对改革的实践、对开放的实践”。他曾深情回忆说，“到经济特区工作，是我第一次走上市一级的领导岗位，第一次直接参与沿海发达地区的改革开放，第一次亲历城市的建设和管理。”“这三年是全面学习的过程，是一个非常艰苦、刻苦的学习过程，从中得到了历练。”

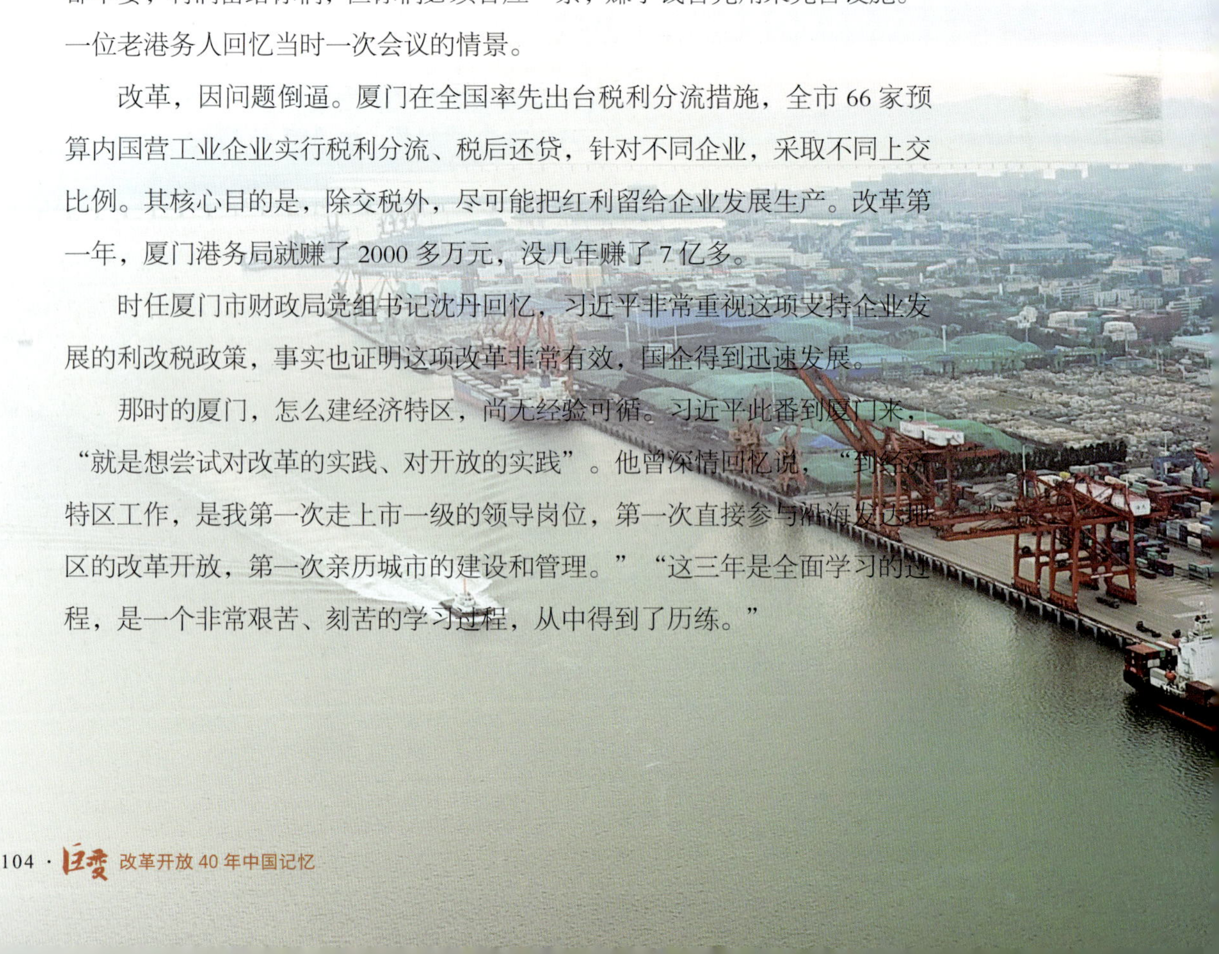

1985 年，厦门经济特区东渡码头集装箱码头。（新华社记者顾新生摄）

2017 年 8 月 26 日，厦门东渡港区。（新华社记者魏培全摄）

2015年9月23日，美国西雅图，波音公司商用飞机制造厂。国家主席习近平登上一架即将交付给厦航的波音787飞机，深情回忆起参与厦航组建的往事。

“30年前，我担任厦门市的常务副市长，分管厦门航空公司，参与了它的组建和它的初创阶段。初创阶段的厦门航空公司，连带厦门机场，都是利用国际贷款发展的，当时也就只有几架飞机……”

作为我国第一家合资经营、企业化运作的航空公司，厦航的诞生，是我国民用航空体制改革的初步尝试。对厦门而言，它为经济特区的对外开放，插上了翱翔的翅膀。

“为了厦航，习近平同志倾注心血。当时地无一寸、房无一间，没飞机、没机组。习近平同志经常跑北京，寻求中央、空军和民航局的支持、支援。”厦航原副总经理宋成仁说，这些往事，老厦航人耳熟能详。

经习近平不懈努力，厦航得到了民航部门的支持，由金融机构担保，向美国波音公司租借了两架波音737飞机用于运营。如今的厦航，已拥有200架飞机，运营航线350多条，成为中国民航唯一连续保持31年盈利的航空公司。

当时，厦门机场太小，扩建刻不容缓，但没钱建设。习近平担任“厦门机场扩建工程科威特贷款领导小组”组长，经过艰辛努力，争取到了科威特政府1800万美元的贷款，解了机场扩建的燃眉之急。

▲ 2014 年 8 月 31 日，厦门航空迎接公司首架波音 787 飞机。（新华社记者林善传摄）

2017 年 8 月 24 日，厦门演武大桥沿线及鼓浪屿。（新华社记者姜克红摄）

▲ 2017 年 8 月 31 日，位于厦门国际会议中心草坪前的金砖国家领导人厦门会晤会标。2017 年 9 月 3 日至 5 日，金砖国家领导人第九次会晤在中国厦门召开。（新华社记者魏培全摄）

2017 年 8 月 24 日，厦门园博园。厦门生态环境优美，曾获得国际花园城市、联合国人居奖等多项荣誉。作为中国最早对外开放的四个经济特区之一，厦门以其科学的城市发展理念、亮丽的城市发展图景而备受关注。（新华社记者姜克红摄）

“如今，海风海浪依旧，厦门却已旧貌换新颜。”习近平总书记对这座城市充满感情。就在 2017 年，金砖国家领导人在厦门会晤时，他回首厦门经济特区的发展历程，盛赞这座城市的“高素质、高颜值”，“勇敢坚毅、吃苦耐劳的当地人民，乘着改革开放的浪潮，用自己的双手把厦门变成了一座经济蓬勃发展、人民安居乐业、对外交流密切的现代化、国际化城市”。

◄ 河北安新县白洋淀畔的六十多个村庄，几万名妇女常年利用白洋淀特产的芦苇织席，供应市场的需要。苇席的用途很广，北方农村差不多家家户户都要用它来铺炕,是人民生活中的必需物资。在工农业生产中用处也很大，如建筑、仓库保管、货物包装、秋收围屯都用得着。图为 1961 年 10 月，第十一生产队的姑娘们在织席。（新华社记者阎明摄）

◄ 1965 年，在湛蓝的湖面上，密密的芦苇荡中，安新县漾堤口公社大张庄生产大队在芦苇荡中向新雁翎队队员们介绍他们当年用土枪土炮打日本船队的事迹。（船上放的两根长铁管就是抗日战争时期雁翎队用来打敌人的土炮）。（新华社记者王旭东摄）

◄ 1972 年 11 月 4 日，河北省安新县大田庄公社西李庄大队民兵连练习从天然"青纱帐"芦苇荡中驾船出击。（新华社记者赵连升摄）

▲ 1980 年 9 月 30 日，河北省安新县水产局与北京市东单菜市场联合经营的白洋淀水产品专柜，国庆节前在东单菜市场开始营业。首都人民又吃上了有名的白洋淀活蟹、元鱼和青虾。（新华社记者贲兰武摄）

▲ 1985 年，白洋淀芦苇又获丰收。白洋淀内芦苇种植面积已由 6 年前的几万亩，发展到 1985 年的 12 万多亩，芦苇加工品的年产值达到 3000 万元左右，约占水区农村农民总收入的 70%，成为我国芦苇重要产区之一。（新华社记者江山摄）

► 1988 年夏，河北省雨量充沛，使干涸近 6 年的白洋淀又重新蓄上水。白洋淀重新蓄水后，对保持当地生态平衡，调节京、津、冀的小气候将起一定作用。（新华社记者贲兰武摄）

2016 年 7 月 7 日，任丘市七间房乡梁沟二村兆龙芦苇加工厂的工人在编织芦苇灯笼。位于白洋淀畔的河北省任丘市七间房乡梁沟二村村民就地取材，将并不起眼的白洋淀芦苇秆经过加工变成颇具水乡风情的苇帘、篱笆等产品。该村通过成立加工厂，吸纳留守妇女就业，实现芦苇产品的批量生产。这些芦苇产品深受各地客商喜爱，远销美国、英国、法国等 10 多个国家和地区，年销售收入达 300 余万元。（新华社记者车宇摄）

“千年大计 国家大事”

“雄安新区将是我们留给子孙后代的历史遗产，必须坚持‘世界眼光、国际标准、中国特色、高点定位’理念，努力打造贯彻新发展理念的创新发展示范区。”——习近平

每一座伟大的城市，都有着鲜明的时代印记。城市规划，就是读懂这座城市乃至这个时代的“密码”。

2018 年 2 月 22 日，中南海，中共中央政治局常委会召开会议，听取河北雄安新区规划编制情况的汇报。习近平总书记主持会议并发表重要讲话。

习近平总书记强调指出，改革开放初期设立了深圳经济特区，创造了深圳的速度，40 年后的今天，我们设立雄安新区要瞄准 2035 年和 21 世纪中叶“两步走”的目标，创造“雄安质量”，在推动高质量发展方面成为全国一个样板。

新时代肩负新使命，新起点瞄准新高度。

雄安新区，是党的十八大以来以习近平同志为核心的党中央谋划设立的一个新区；也是以习近平新时代中国特色社会主义思想为指导、全面贯彻落实党的十九大精神，规划建设的一座新时代的标杆之城。

奋进新时代，建设雄安城。

中国特色社会主义进入新时代，在迎来改革开放 40 周年的特殊年份，在中国经济由高速增长阶段转向高质量发展的关键阶段，雄安新区的规划建设承载着新的历史使命，将成为新时代高质量发展的一个样板。

生态优先、绿色发展，这将是一座新时代生态文明的典范城市。

雄安坐拥“华北明珠”之称的白洋淀，具有天然生态优势。从一开始谋划新区建设，习近平总书记就强调要坚持生态优先、绿色发展，划定开发边界和生态红线，实现两线合一，着力建设绿色、森林、智慧、水城一体的新区。

高端创新、改革高地，这将是一座新时代高质量发展样板城市。

规划纲要提出，新区通过承接符合新区定位的北京非首都功能疏解，积极吸纳和集聚创新要素资源，高起点布局高端高新产业，建设实体经济、科技创新、现代金融、人力资源协同发展的现代产业体系。

新一代信息技术产业、现代生命科学和生物技术产业、新材料产业、高端现代服务业、绿色生态农业……规划纲要明确了雄安未来发展的重点产业。

构建改革开放新的体制机制，是雄安新区的生命基因。

站在新一轮改革开放的关键历史节点，习近平总书记明确提出，要面向雄安新区提出一批改革开放新举措，展现我国深化改革发展成果，这也是庆祝改革开放 40 周年的重大举措之一。

京津冀协同发展领导小组办公室正牵头制定雄安新区深化改革和扩大开放的指导意见，将构建“1+N”改革开放政策体系，打造体制机制新高地。

雄安新区要开创国家新区和城市发展的全新模式，依靠创新驱动、改革开放，力求成为最有勇气创新的城市。

中国特色、生活宜居，这将是一座新时代展现中华风范的城市。

“中国人民是具有伟大创造精神的人民。”正如习近平总书记 2018 年 3 月 20 日在第十三届全国人民代表大会第一次会议的讲话中所指出的那样：“今天，中国人民的创造精神正在前所未有地迸发出来，推动我国日新月异向前发展，大踏步走在世界前列。”

薪火相传，定能再创人间奇迹。

2018年2月12日，建设者在雄安市民服务中心项目现场施工。（新华社记者申宏摄）

2018年2月12日，雄安市民服务中心项目施工现场。（新华社记者申宏摄）

2018年3月29日，雄安市民服务中心。雄安市民服务中心位于河北省容城县小白塔及马庄村界内，建成后将承担雄安新区的规划展示、政务服务、会议举办等多项功能。（新华社记者牟宇摄）

▲ 2018 年 2 月 28 日，河北雄安新区首个重大交通项目北京至雄安城际铁路（简称“京雄城际铁路”）正式开工建设，这是建设者在开工仪式现场合影留念。（新华社记者邢广利摄）

“80 年代看深圳，90 年代看浦东，21 世纪看雄安。”走过 40 年风雨历程，乘着新时代的浩荡东风，一幅绚丽璀璨的雄安画卷正在燕赵大地铺展开来。让我们以“功成不必在我”的精神境界和“功成必定有我”的历史担当，一茬接着一茬干，一张蓝图干到底，共同建设好雄安新区这座未来之城，站在更高起点继续推进改革开放的伟大事业。

蓝图绘就，号角吹响。

雄安城内，南北轴线和东西轴线穿城而过，交汇中心恰如历史的新起点。

西延太行山，东指向渤海，东西轴线串联起一个个特色的城市组团，现代便捷的公共服务设施、创新场馆星罗棋布；

北望潭柘寺、定都峰，南经大淀古淀，南北轴线上历史文化生态设施有序布局，恰如中华文明千年接力。

燕赵大地，雄安新区，必将书写壮丽的新时代篇章……

2018年4月30日，游人乘坐游船欣赏白洋淀的美景。2018年“五一”小长假期间，位于河北雄安新区境内的白洋淀景区风景秀丽、环境宜人，吸引不少游客前来欣赏游玩。（新华社记者沈伯韩摄）

第 2 篇

乡村变迁篇

从小岗出发

18 枚红手印，见证了一段艰辛的岁月。

“泥巴房、泥巴床，泥巴锅里没有粮，一日三餐喝稀汤，正月出门去逃荒。”“大包干”之前小岗人讨饭所唱的凤阳花鼓词，真实反映了那时的生活状况。

小岗的贫困，正是当时中国的缩影。

什么是社会主义？怎样建设社会主义？……这一重大课题，考验着当代中国共产党人。

关键抉择，往往随着时间推移，其重大的意义愈发凸显。

按下红手印的 18 户农民当时不会意识到，他们的抉择其实触碰到一个重大而基本的问题——“包干到户”调整了生产关系，改变了原有的分配方式，极大释放了蕴藏在每个人身上的生产力。

如同释放了魔力，次年，小岗迎来大丰收，整个生产队粮食总产 13.3 万斤，是前十余年产量的总和，一举结束 20 余年吃国家救济粮的历史，并首次归还国家贷款 800 元。

穷思变，变则通，这是改革蕴藏的既深奥又简单的道理。

▲ 安徽省凤阳县小岗村农家孩子在田里拾荒。（资料照片 / 新华社发）

▲ 安徽省凤阳县小岗村农民牵着耕牛走在田间。（资料照片 / 新华社发）

▲ 安徽省凤阳县小岗村农民使用简陋的工具耕作。（资料照片 / 新华社发）

▲ 安徽省凤阳县小岗村农民生产场景。（资料照片 / 新华社发）

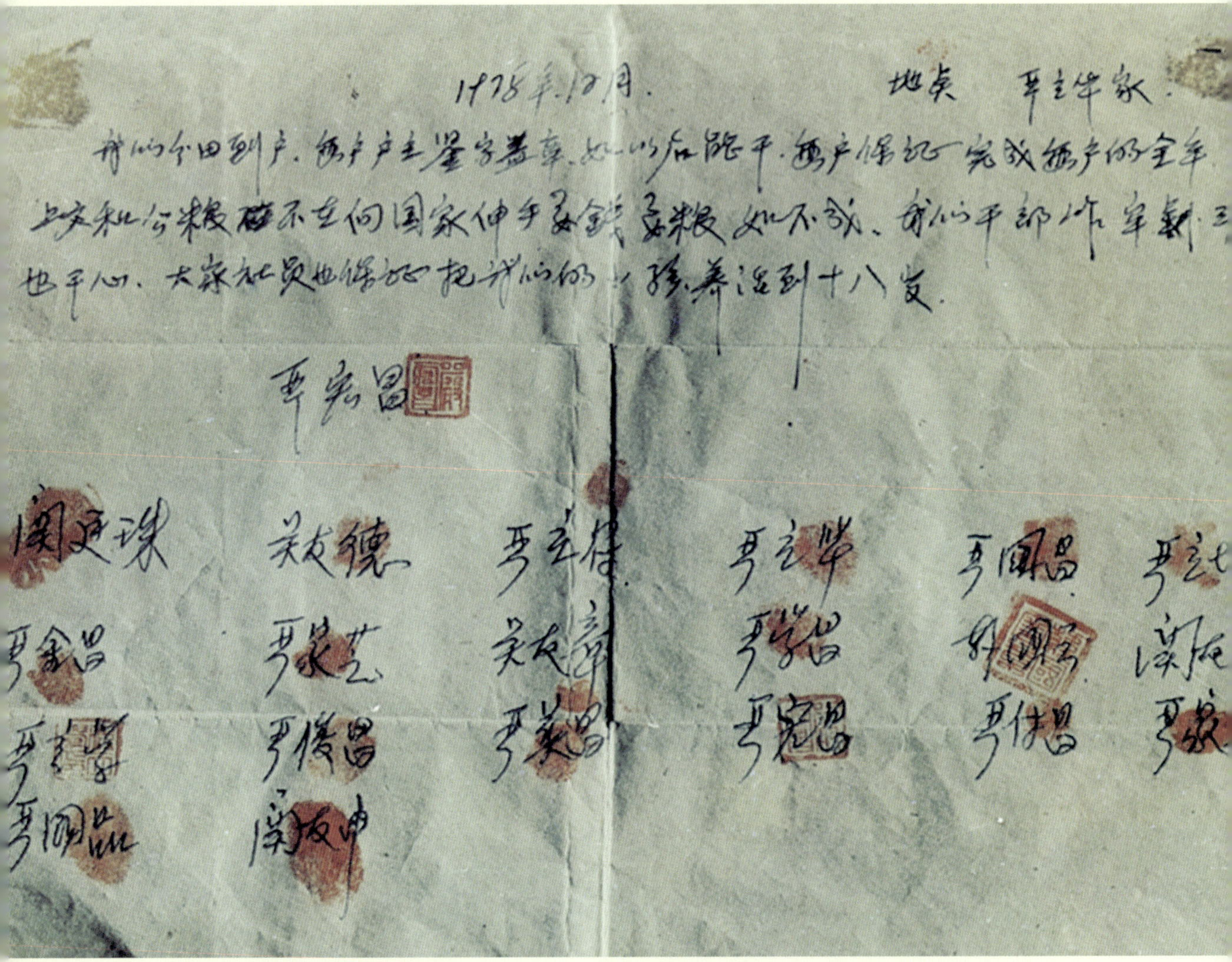
1978年12月 地点 严立华家
我们分田到户，每户户主签字盖章，如以后能干，每户保证完成每户的全年上交和公粮，不在向国家伸手要钱要粮。如不成，我们干部作牢杀头也甘心，大家社员也保证把我们的小孩养活到十八岁。

▲ 1978年冬，小岗村的18位农民以“敢为天下先”的精神，在一纸分田到户的“秘密契约”上按下鲜红的手印，实行了农业“大包干”，从此拉开了中国农村改革的序幕。“大包干”这种家庭联产承包制度解放了农村的生产力，最终上升为中国农村的基本制度，解决了亿万人民的温饱问题。图为安徽省凤阳县小岗村18位农民按下红手印的“包产到户”契约。

▶ “大包干”带头人的合影，后排左四为严宏昌。

▶ 2005 年 12 月 10 日，安徽省凤阳县农村合作医疗中心工作人员在向群众宣讲合作医疗有关政策和知识。2003 年 10 月，农村大包干发源地——安徽省凤阳县率先在全国实施新型农村合作医疗试点工作。通过修订完善《新型农村合作医疗定点医疗机构管理办法》，确保参加合作医疗的农民享有优质、安全、有效、廉价的医疗服务。2005 年 1 月至 11 月，全县农村合作医疗管理中心共受理参加合作医疗农民住院费用补偿 11347 人次，实际补偿金额 880 万元。（新华社记者戴浩摄）

▶ 2010 年 4 月 2 日，安徽小岗村大包干纪念馆内前来参观的人络绎不绝。小岗村这个载入了我国改革开放史册的地方，正经历新一轮改革：土地确权完成后，近六成耕地已流转，高标准现代农业方兴未艾。（新华社记者郭晨摄）

2015 年 7 月 8 日，16 户小岗村村民代表领到红灿灿的《中华人民共和国农村土地承包经营权证》，拉开安徽农村土地承包经营权确权登记颁证的序幕。

从“红手印”到“红证书”，小岗又一次成为农村改革的先行者。

▲ 2015 年 7 月 8 日，安徽凤阳县小岗村农民展示领到的《农村土地承包经营权证》。（新华社记者刘军喜摄）

▲ 2016 年 6 月 15 日，来自南京大学的党员大学生和教师来到安徽凤阳县小岗村“大包干”纪念馆内参观。（新华社记者郭晨摄）

当年土地由“合”到“分”，是解放生产力的必然要求；40年后，土地由“分”到“合”，亦是现代农业发展的内在需求，目前小岗60%以上的土地已实现流转。农村宅基地和农房确权发证试点、推进小型水利工程管理体制改革、以种粮大户程夕兵名字命名的土地股份合作社正在试点……近年来，小岗持续担当全省的农村改革探索先锋。

2017年7月13日，安徽科技学院实验室管理处副处长、小岗村现代生态农业研究所所长张从宇在小岗村农田里调试农业物联网设备，通过该设备，管理人员可以实时查看农田的数据变化。（新华社记者郭晨摄）

党的十八大以来，小岗村迎来了发展最快的时期，特别是自 2016 年实施“三年大变样”行动后，小岗迎来快速改革发展期。2017 年小岗实现村集体收入突破 820 万元，农民人均收入比 2012 年增长 70%以上。今天的小岗，已从当初 100 多人的生产队发展成为全国十大名村，在区划调整后，小岗行政村已现辖 23 个村民组，有 4173 名村民；可耕种面积从当年的 500 余亩扩展到 1.45 万亩，村民人均可支配收入也从当年 22 元增长到 2017 年的 18106 元。

2017 年 7 月 13 日，安徽省凤阳县小岗村近年来新建的农民新居。（新华社记者郭晨摄）

2018 年元旦后，“小岗青年创业交流”微信群里，展开了一场颇有火药味的讨论。

这个 30 多人的微信群里有小岗 18 位青年创业之星，还有远在上海、北京等地工作的“有想法有思路”的年轻人，希望能为小岗新一轮的发展增砖添瓦。

在他们看来，改革开放 40 周年是对小岗的一次审视，也是一次考验。

“父辈们的大包干解放了生产力，掀起了改革浪潮，今天怎样继承发扬小岗精神，如何再出发？”这是年轻人发出的小岗之问，也是当下中国的时代之问。

历史的契机，等待我们把握。

今天的中国已站在新的历史起点上，我们拥有以往从未有过的物质条件和机制优势，也正处于一个大有可为的历史机遇期。

“只有回看走过的路、比较别人的路、远眺前行的路，弄清楚我们从哪儿来、往哪儿去，很多问题才能看得深、把得准。”习近平总书记在学习贯彻党的十九大精神研讨班开班式上的讲话，给人启迪。

一代人有一代人的长征路。今天的新长征，就是将改革进行到底！

时序更替，梦想前行。

小岗村旁，有一条静静流淌的小溪河，它汇入淮河，浩荡东去，奔向大海。

改革大潮奔腾不息。今天的小岗村如同迈入新时代的中国一样，向着新航程扬帆奋进……

2.2 | 大寨村：春风又绿虎头山

20 世纪 60 年代，山西省昔阳县大寨村在“七沟八梁一面坡”的恶劣环境里，历经常人难以忍受的艰辛，造出 700 多亩高产农田，成为中国发展山区农业的典范，由此曾掀起一场长达 10 多年的“农业学大寨”运动，以陈永贵、郭凤莲等为代表的大寨人也随之名满神州。据统计，在十几年间，海内外约有 100 万人来到大寨参观、学习。

1978 年，当中国进入改革开放年代后，曾靠“集体的力量”创下高产梯田奇迹的大寨人难以接受“不再吃大锅饭了”的事实，陷入了低谷。虽然 1983 年这个村也开始实行家庭联产承包责任制，但整个 80 年代，大寨都处在沉默之中，停滞未前。

1992 年春，重回大寨担任村支书的郭凤莲带着村里的老少爷们出娘子关去“取经”，寻找致富门路，先后兴办起制衣、水泥、煤炭运输、贸易、饮品等企业，涉及杂粮加工、猪牛养殖、奶业发展、秸秆加工等 10 多个领域。这些企业不仅给大寨带来了先进的思想观念，高层次的管理经验，同时也带来了滚滚财源，大寨这个昔日的农业典范正向着市场经济“新农村”的方向不断发展，重新焕发出勃勃生机。

1964年，山西昔阳大寨公社大寨大队的女青年社员正在劈山造田。（资料照片）

▲ 1973 年，在大寨参观访问的外国来宾观看村里的孩子们表演节目。据统计，从 1962 年到 1979 年，共有来自世界 134 个国家和地区的 2200 多批国家元首和国际友人来大寨参观访问，参访总人数超过 25000 人。（资料照片 / 新华社发）

▲ 20 世纪 70 年代，大寨中学的教师在给学生们上课。（资料照片 / 新华社发）

▼ 20世纪70年代拍摄的大寨村。（资料照片 / 新华社发）

◀ 1983年初，大寨实行家庭联产承包责任制，开始了家庭副业。这是一名村民在村口喂猪。（资料照片 / 新华社发）

上图： 1993 年 8 月 29 日，虎头山举行大寨中策水泥股份有限公司签字仪式。这是山西省昔阳县大寨村的第一家中外合资企业。图为香港中策集团董事长黄鸿年和大寨党支部书记郭凤莲在签字仪式上。

下图： 1994 年，总投资 1700 万元的大寨水泥厂投产，这个水泥厂年产水泥可达 10 万吨。（资料照片 / 新华社发）

2.3 | 华西村：从“样本”走向转型

“华西村”，在中国改革开放的40年中，一直是农村富裕的代名词。这个地处长江三角洲腹地的村庄创造的“华西样本”，是中国改革开放的一个重要见证，也是中国农村改革发展的历史缩影。

被华西村民至今念在口中的老书记吴仁宝，把一个贫穷落后的小乡村建成了“中国第一村”，成为“华西样本”的缔造者。如今，老书记的四子吴协恩，成为华西村的“二代掌门”，在他看来，华西的发展史是一部“改革史”，如今在他面前更是一条“转型之路”。

▼ 1969 年 8 月，华西小五金厂。20 世纪 60 年代，华西村建村时，面积只有 0.96 平方公里、人口 667 人，集体积累 1764 元，人均分配只有 53 元。（陈宝金摄）

▲ 20 世纪 70 年代拍摄的华西人在田间脱粒水稻。（陈宝金摄）

▲ 1974 年 10 月，华西人在收割水稻。（陈宝金摄）

1968 年 10 月，华西瓦屋平房。

1978 年，农村改革的大幕拉开。在华西，作为村支书的吴仁宝提出全村 600 多亩粮田集体承包给村里的 30 名种田能手，把绝大多数劳动力转移到蓬勃兴起的乡镇企业工作，将农民变成工人。自此，华西村的乡镇企业“异军突起”，华西模式成为中国乡镇经济的一面旗帜。

1988 年，华西在江苏省率先成为了“亿元村”。

▼ 1993 年 3 月 3 日，50 辆“捷达”牌轿车驶进华西村。1993 年，华西村有 80% 以上农户拥有私人轿车。（新华社发）

▲ 2018 年 2 月 27 日，华西化纤厂涤纶短纤产品生产线，工作人员在检查产品。（新华社记者李博摄）

20 世纪 80 年代末，“家家万元户”，让华西引来了全国人民羡慕的目光。不满足于“村民”个人富裕的吴仁宝老书记动员村民们把年终分配的钱投资建厂，将“村民”变成了“股民”，从此逐步形成了具有华西特色的“集体控股、个人入股”的新型股份制集体经济制度。1999 年 7 月，华西村股票在深圳证券交易所上市，开创了“村庄上市”的先例。

彼时，乡镇企业改制的浪潮席卷全国，老书记则根据本村情况实行“抓大扶小”，化解了“公”与“私”的矛盾。正因为吴仁宝的坚持，使华西村走出了一条以集体经济为主，多种经济成分并存的多元化、混合型经济发展新路子。

吴协恩介绍，现在，华西集体所有占股比例为 75.37%，村民个人占股比例为 24.63%。“家家住别墅洋房”“户户有百万存款”是如今华西村民的真实写照。

2003 年，吴仁宝老书记隐退，吴协恩继任“一把手”，任江苏华西集团公司（下称“华西集团”）董事长、总经理和华西村党委书记。此时，华西已是一个下辖 8 大公司、年销售收入达 105 亿元人民币的大型企业集团。

中國華
天下第
春
2018

2018 年 3 月 13 日，江苏省江阴市华西村村口。（新华社记者李博摄）

2.4 向阳乡：改革第一乡的腾飞

广袤的成都平原上，曾烙印着一代代中国人吐故革新的足迹。如大禹治水、如丝路起源……每一次变革，都为中国的崛起和前进，开辟着新的方向。

而今，在曾孕育出灿烂的三星堆文化的广汉大地上，又有一座小镇，在20世纪80年代初，冲破思想的桎梏，第一个摘下“人民公社”牌子，将自己与共和国的改革紧紧相连。

这座小镇，就是广汉向阳。

回溯历史，进入 1976 年的相框。

当时的广汉人民公社大锅饭没有积极性，在瞎指挥下，粮食播种面积上升了 253%，密不透风的做法违背了自然规律，减产 2104 万公斤，老百姓饿倒一大片。

钟太银，时任向阳人民公社管理委员会办公室主任。他家吃不饱饭，6 岁的小女儿钟敏饿得营养不良，被叫作“干虾儿”：“顿顿稀饭，一吹一个浪，一喝一个凼。风都能把我刮走！”

渴望灵活自主，广汉开始悄悄进行承包试点，解开了农民被捆住的手脚。但人民公社制度是“三面红旗”之一，让农民们始终害怕，不敢放开手脚。

连续几年偷偷摸摸搞承包之后，1980 年 3 月，广汉县委悄悄传达四川省委会议精神，决定摘下公社牌子。

钟太银晚上偷偷写好“向阳乡人民政府”的牌子，藏在办公室，黑着脸回家逼老婆孩子离婚。这可是冒着“取消红旗”杀头的风险！

婚最后还是没离成。钟太银第一个摘下了人民公社的牌子，党和政府的改革更摘下了人们心里的恐慌。广汉向阳成为“改革第一乡”，中国掀开了新的一章。

▲ 过去向阳落后的耕作方式。（资料照片）

1980年4月8日，广汉县向阳人民公社管理委员会摘牌。
（新华社记者刘前刚摄）

▶ 1978 年，广汉县向阳公社八大队一队的社员领到了预分的稻谷。四川省认真落实党在农村的经济政策，发扬实事求是的作风，因地制宜地指导生产，调动了广大干部和社员的社会主义积极性。1978 年，在遭受严重干旱的情况下，全省 5000 多万亩夏熟粮食作物总产量比上年增产一成以上，油菜籽增产二成以上，早稻和早玉米也获得丰收。四川省广大农村社队坚持按劳分配原则，做到多劳多得、增产增收、分配兑现。（新华社记者吴祖政摄）

▶ 图为当年向阳乡人民政府的大印。（新华社记者陈燮摄）

▶ 1983 年 1 月，四川省广汉县向阳乡（现四川省广汉市向阳镇）人民政府的大门。人民公社时期，农民吃“大锅饭”，缺乏生产积极性。废除人民公社，确立以家庭承包经营为基础、统分结合的双层经营体制，解放了农村生产力，改变了农村面貌。（新华社发）

全镇基本形成了食品制造、电气设备、高端造纸三大支柱产业，拥有生产经营性企业328 家，销售收入过亿元企业达 29 户。2017 年，这 39 平方公里土地实现 GDP27 亿元，平均每平方公里要生长出近 7000 万 GDP 来，同比增长高达 9.6%。工业总产值更超过 100 亿元。

从孤立的镇域来看，向阳似乎已经不错了。

但改革第一乡，还在高速蝶变。

如果从空中俯瞰中欧班列，满载货物的火车从波兰罗兹启程，一路穿越欧亚大陆桥，穿越高原河谷，其中主要目的地之一，就是驶向成都——中国向西开放的前沿。

这条长龙的目的地，青白江国际铁路港，与向阳只一河之隔。

火车一响，黄金万两！守着中欧班列的黄金通道口，就如同拧开了流淌黄金的水龙头。这是中国改革开放，带给向阳再一次腾飞的机遇。

以青白江国际铁路港为核心，向阳镇紧密衔接配套，对成都国际铁路港整车进出口、肉类冷链进出口、木材及木制品进出口、粮食类进出口、水果类进出口等五大类产业进行延伸服务和配套，并依托合作区开展针对特色产业进出口口岸业务。据估算，从国际铁路

2018 年 2 月，向阳镇。

港装车的货物，大约 15 天可抵达欧洲的任何位置。

这里还有美食的幸福。

火锅是四川的名片，而牛油火锅，是对四川火锅起码的尊重。在四川传统文化里，地道火锅就应该是牛油里烫牛毛肚，烫牛肉，烫牛杂……

而成都周边最大的牛市，就在向阳。这样的牛文化，催生出一个舌尖上的向阳：打造现代庖丁产业园，推进牛市搬迁重建，力争建成西南地区最大的牛杂火锅城。

于是就出现了这样的场景：无数口大龙头铜锅，滋滋沸腾的牛油，并排在一个大院子里，露天而坐，植被就是包间的隔断，阳光照在你的餐桌上，朋友家人就在你身边，你们围桌而坐，尽享饕餮……一到饭点，不少成都人都开着车，沿着各种快捷通道进入向阳，来追寻最新鲜牛杂的诱惑，这也是对美好生活的向往。

向阳就像活色生香的天府之国一样，既厚重，更轻灵；既气象开阔，更享受市井；既追求开拓，更着力经营。

向阳，永远向着改革的朝阳，再出发！（文 / 谢佼）

第3篇

城镇变迁篇（一）

从唐山崛起到新型城镇化

3.1 | 唐山：崛起奇迹见证“中国力量”

唐山——

这座城市，遭受1976年大地震的劫难：一片废墟，满目疮痍，有人预言“将从地球上被抹去”；

这座城市，深切感受祖国大家庭的温暖：一方有难，八方支援；

这座城市，被一种梦想所激荡：灾难可以摧毁有形的物质，但摧不垮伟大的精神——百折不挠，奋发图强。

唐山40年，创造了迅速崛起的奇迹，是“中国力量”的充分体现，是中国特色社会主义道路自信、理论自信、制度自信、文化自信的有力印证！

▼ 1976 年 7 月 28 日，河北省冀东地区的唐山——丰南一带发生的强烈地震中，唐山矿业学院宿舍楼被震毁。（新华社记者官天一摄）

回望历史长河，俯瞰茫茫大地，唐山大地震是 20 世纪人类史上最惨痛灾难之一，这个有着百万人口的工业重镇瞬间夷为平地，24 万多鲜活的生命葬身瓦砾，16 万多人遭受重伤。

▼ 1976 年 7 月 28 日强烈地震发生后的唐山市一角。震中在北纬 39.4 度，东经 118.1 度。唐山——丰南一带遭到的破坏和损失极为严重。（新华社记者刘东鳌摄）

震后40年时间里，唐山人民抚平伤口再出发，从毁灭中重生，在重生中崛起，创造一个又一个奇迹。

40年之后——2016年的唐山，已经变成矗立在渤海湾畔的一座现代化名城，中心城市建成区面积达308平方公里，比震前增长4.6倍，市区人口也由震前的70万增加到251万。

▶ 1976年唐山钢铁公司工人庆贺唐山大地震后炼出“志气钢”的场景。（资料照片）

▶ 1986年，唐山市已建起四所大专院校，加速培养当地急需的建设人才。这几位唐山地震失去父母的孤儿，已是1983年建起的唐山大学的学生。（新华社记者刘志伟摄）

继 1990 年荣获联合国“人居荣誉奖”后，2004 年，因在改善人居环境和可持续发展方面作出突出贡献，唐山市再次获得联合国“迪拜国际改善居住环境最佳范例奖”。唐山市改善人居环境的成功经验，为遭受自然灾害的其他地区提供了城市重建的范例。

唐山的崛起，不仅仅体现在城市面貌上，同时体现在经济迅速发展上。2015 年，唐山市完成地区生产总值超过 6000 亿元、全部财政收入 575 亿元，分别比震前的 1975 年增长了 72.8 倍和 141.4 倍，连续多年居河北省首位。

历史的指针指向 2016 年，世界园艺博览会、第三次中国—中东欧国家地方领导人会议在唐山举办，这座不平凡的城市再次吸引了全世界的目光。唐山由现代化名城向国际化名城迈出了坚实的一步。

上图：1976 年，唐山市震后照片。（资料照片）
下图：2016 年 5 月 17 日，唐山市夜景。（新华社记者杨世尧摄）

40年来，抗震精神已经融入唐山人民的血液里，铸造进唐山这座城市的性格中，这是历史给予唐山的不灭印记，也是唐山人民给世界带来的一笔宝贵精神财富。

逝者应无恙，当惊世界殊！

唐山崛起的奇迹昭示世人：唐山是坚强而伟大的，中国是坚强而伟大的；唐山的明天会更好，中国的明天会更好！

◀ 2016年7月28日，人们在唐山大地震罹难者纪念墙悼念遇难者。（新华社记者吴晓凌摄）

3.2 大连：东北开放龙头的巨变

大连，全国首批沿海开放城市，是东北地区对外开放的龙头。

改革开放40年来，大连开放布局不断优化，开放领域日益扩大，开放水平逐步提高，开放型经济稳步发展，为经济社会发展增添了动力活力。

时光飞逝，岁月留痕。随着时间的流逝，大连这座东北沿海城市发生了巨变，很多景象已凝固在人们的记忆里，定格在一张张照片中。在这些珍贵片段的背后，流光碎影中，记录的是时代的变迁、城市的进步以及人们精神面貌的深刻变化。

▶ 1981 年，大连新建成一座当时我国规模最大的客运站，主楼建筑面积 16400 多平方米，中间的塔楼为十层；两侧分别为二层和三层，内设售票厅、候船厅、服务厅、餐厅等，可同时接待 500 名国际旅客和 1000 多名国内旅客。（新华社记者张小龙摄）

▼ 1982 年 10 月，大连斯大林广场街心花园一角。（新华社记者姜可运摄）

▲ 2009 年 8 月 20 日，位于大连中山广场上的中国银行。（新华社记者姚剑锋摄）

▲ 2017 年 6 月 12 日，大连棒棰岛。（新华社记者潘昱龙摄）

▲ 2017 年 6 月 11 日，大连星海湾。（新华社记者邢广利摄）

2017 年 6 月 11 日，大连星海广场。（新华社记者李鑫摄）

▲ 2017年6月12日，大连国际会议中心。（新华社记者杨青摄）

◀ 2017年6月27日，嘉宾在大连国际会议中心外广场上参观雾霾净化塔。当日，世界经济论坛第十一届新领军者年会（2017夏季达沃斯论坛）在大连国际会议中心开幕。（新华社记者王益亮摄）

大连港变迁

▲ 1979 年，大连新港全景。（新华社记者姜可运摄）

▲ 1988 年 7 月，辽宁省大连造船厂正在建造的一艘供出口的 11.5 万吨穿梭油轮。（新华社记者刘军摄）

► 1989 年，大连造船厂 3 个船台上正分别建造 3.5 万吨货轮、7000 吨滚装船和军品船。至 1989 年，在改革开放的近 10 年中，陆续为国外建造 11.8 万吨油轮、滚装船等具有世界先进水平的船舶 18 艘，使该厂由世界造船业第 44 位跃居第 18 位。（新华社记者肖野摄）

▼ 2009 年 9 月 8 日，大连港的 30 万吨原油码头。（新华社记者任勇摄）

2017年4月10日，“中海之夏”号集装箱货轮准备从大连港起航奔赴美国西雅图。当日，大连至美国西部集装箱远洋干线在大连港开通，集装箱货轮自大连港出发，经连云港、上海、宁波后直达美国西部，航程时间19天，航班频率为每周一班，运输的主要货种为粮食、木制品、机电产品与电子产品等。（桂子云摄）

▸ 2017年6月13日，大连港大窑湾汽车码头。（新华社记者杨青摄）

2017年6月13日，大连港大窑湾集装箱码头。（新华社记者杨青摄）

魅力大连 时代点滴

▲ 1979 年，SL — 292 型彩色磁带录像机在大连试制成功，并由大连无线电 13 厂批量生产。（新华社记者张小龙摄）

▲ 大连经济技术开发区的日本独资企业大连原田工业有限公司，主要生产汽车和电视机用天线、电缆及其零部件，产品主要销往国际市场。图为 1990 年 7 月，女工在加工天线连接线。（新华社记者郑永吉摄）

▲ 2009 年 8 月 20 日，大连星海湾浴场。（新华社记者姚剑锋摄）

▲ 1991 年 9 月，一名身着超短裙的女孩走在大连街头。20 世纪 90 年代，超短裙出现，加上“迷你”两字，曾经被视为“洪水猛兽”。

▼ 1998 年 6 月，一对年轻人骑着一辆双人自行车，行进在大连星海湾商务中心区的大道上。（资料照片）

2017 年 8 月 7 日，游客在大连市付家庄海滨浴场畅游。进入 8 月，辽宁省大连市付家庄海滨浴场优质的海水和美丽的景色吸引了大批游客和市民，浴场日均接待游客达 4 万人。（吕文正摄）

3.3 | 中关村：从电子一条街到“中国硅谷”

1978 年至 2018 年，40 年弹指一挥间。

2 万余家高新技术企业、300 多家上市公司、一批独角兽企业……从“中关村电子一条街”到“新技术产业开发试验区”，从第一个国家级高新区到全国第一个自主创新示范区，中关村紧跟技术革命浪潮，突破体制机制束缚，走出了一条敢为人先、矢志创新之路。

40 载春夏秋冬，40 年拼搏奋斗。

十年“文革”过后，中国的科技工作者在“尊重知识、尊重人才”的呼声中，最早迎来了科学的春天。1980 年，中国科学院物理所研究员陈春先带领一批科技人员，组成“先进技术发展服务部”，试图把技术按市场规律转化为商品，这批率先“下海”的科技人员从此建立了中关村的第一家科技企业。

但在当时的社会环境中，科技人员的大部分成果都被公认为国家所有的财富，很多的科研项目还很难进入市场运作体系，更缺乏成熟的企业化操作方式。1983 年 1 月，时任劳动人事部部长赵守一在回答《光明日报》记者提问时指出，科技人员在完成本职工作前提下兼职和从事业余科技劳动，是国家允许和提倡的；他们经过劳动，从创造的财富中取得一部分报酬是符合社会主义分配原则的。国家正式肯定科技人员可以业余兼职，从而鼓励了更多的科技人才致力于科技向经济的转化。到 1982 年，这种自筹资金成立的集体和个体科技企业已发展成为中国科技界不可忽视的新生力量。

20 世纪 80 年代的中关村。

1985 年 1 月 10 日，国务院作出《关于技术转让的暂行规定》，承认了技术也是商品。同年 5 月，在北京举行了新中国成立以来规模最大的一次技术成果交易会，正式成交额 21 亿元。承认技术是商品，开放技术市场，这是对科学技术是生产力在认识上和实践上的一次质的突破。到 1986 年年底，全国通过市场交换实现价值的技术成果共 8.7 万项，成交金额 20.16 亿元。

中关村因其紧邻北京几所重点大学和重要的科研机构，因而成为科技人才相对集中的区域。到 1987 年底，中关村电子一条街具有独立法人资格的科技企业已有 148 家，营业额超过 9 亿元。1988 年 5 月 8 日，国务院批准颁发了《北京市新技术试验区暂行 18 条例》，正式宣布在中关村建立中国第一个国家级高新技术产业开发区。

中关村的创业之路，起初大都以自有技术成果为资产，通过技术服务、转让和开发，慢慢积累实力。而他们“自由组合、自筹资金、自主经营、自负盈亏”的生存原则，对严密计划下的科技、教育和经济体制产生了巨大的冲击。与此同时，中关村人也将电子信息技术广泛地推广到政府机关、厂矿、学校和百姓家庭，让更多的中国人感受到信息时代的来临。

▲ 20 世纪 80 年代的“中关村电子一条街”，中关村国家自主创新示范区起源于此。

▲ 1991年5月11日，中国第一家高新技术交易市场——北京市新技术产业开发试验区科技贸易中心在中关村南部正式开业。1988年5月10日，经国务院正式批准，我国第一个高新技术产业开发试验区——北京市新技术产业开发试验区成立。这是中国第一个以电子信息产业为主导，集科研、开发、生产、经营、培训和服务为一体的综合性基地。

2011年，中关村街景。（李文摄）

▲ 2017 年 2 月 9 日，中关村西区“创业公社”国际创客中心外景。（新华社记者罗晓光摄）

改革开放40年来，党中央、国务院高度重视中关村的发展。

——1988年5月，国务院批准成立北京市新技术产业开发试验区。

——1999年6月，国务院批复要求加快建设中关村科技园区。

——2009年3月，国务院批复建设中关村国家自主创新示范区，要求把中关村建设成为具有全球影响力的科技创新中心。

——2012年10月，国务院批复同意调整中关村国家自主创新示范区空间规模和布局，示范区面积增加到488平方公里……

▼ 信通公司、中科院高能物理研究所和国家机械委共同开发的智能呼吸监视仪，在1987年10月联邦德国国际发明与技术贸易展览会上，获得了大会唯一的一块金牌。图为科技人员正在调试仪器。（新华社记者宋连峰摄）

▶ 北京科海公司总经理陈庆振倡导成立了“科海”中间试验厂，成为促进科研成果迅速转化为生产力的“孵化器”，为接受科技成果的生产单位创造了良好条件。图为1988年8月，陈庆振在“科海”销售部了解情况。（新华社记者宋连峰摄）

▼ 1991年5月11日，中国第一家高新技术交易市场——北京市新技术产业开发试验区科技贸易中心在中关村南部正式开业。这是技术开发区的职工手持彩球，参加开业典礼。

党的十八大以来，以习近平同志为核心的党中央高度重视创新驱动发展战略，提出了“创新是引领发展的第一动力”等一系列重要论断。

这是令人难忘的历史性时刻——2013 年 9 月 30 日，中央政治局把集体学习的“课堂”搬到了中关村。

2014 年 2 月，“科技创新中心”被确定为北京新的城市战略定位之一。

2016 年 9 月，国务院印发《北京加强全国科技创新中心建设总体方案》，提出要发挥中关村国家自主创新示范区的主要载体作用。

从先行先试的“试验田”到改革发展的“先行者”，从全国科技创新中心的“主要载体”到构建京津冀协同创新共同体的“主力军”，中关村在创新变革中奋勇向前。

率先开展科技成果“三权”、股权激励、科研经费管理、高新技术企业认定等重大试点；推动出台“京校十条”“京科九条”等政策；建设中关村国家科技金融创新中心；开展中关村现代服务业试点……党的十八大以来，中关村不断发挥改革试验田作用，深化供给侧结构性改革。

97 家创新型孵化器、29 家大学科技园、26 家特色产业孵化平台……一个多层次的创业服务体系在中关村形成。

超过 500 家产业联盟、协会商会、民办非企业社会组织活跃在中关村，“小政府、大社会”的创新治理格局正在形成。

▼ 2018 年 5 月 10 日，北京柏惠维康公司的工作人员在调试神经外科手术机器人。（新华社记者罗晓光摄）

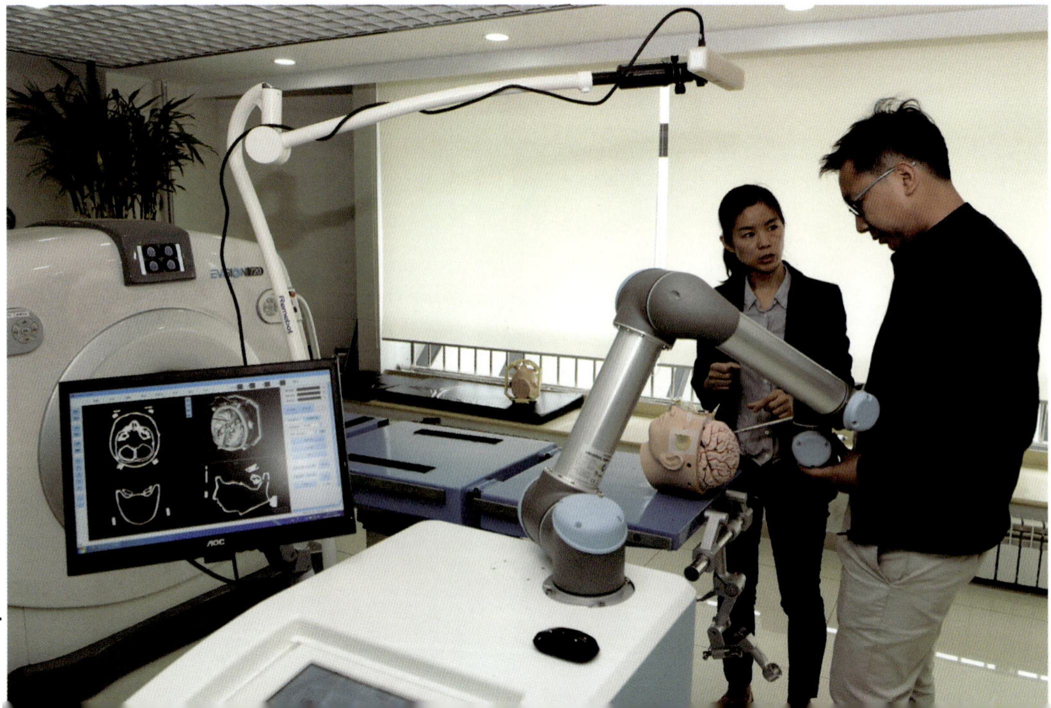

▲ 2018 年 5 月 17 日，观众在展厅内参观一款“类人型”商用机器人。当日，为期 4 天的第二十一届北京国际科技产业博览会在北京中国国际展览中心开幕。本届科博会设置了国家科技创新创业成果展区、京津冀协同创新展区、国际海洋科技与海洋经济展区、中关村创新创业成果展区、文化与科技融合展区等，吸引来自中国、法国、德国、美国、加拿大等国家和地区的众多科技企业参展。（刘宪国摄）

► 2018 年 5 月 8 日，北京深晶科技有限公司的工程师在进行基于 FPGA 低功耗多路的实时视频结构化分析。近年来，中关村通过公开路演方式面向全球挖掘和培育重大前沿颠覆性创新项目，这一尝试和超前部署，为中关村抢占未来科技发展制高点奠定了基础。据中关村管委会介绍，至 2018 年，已发掘出的 57 家前沿技术企业，平均估值超过 20 亿元。这些前沿技术企业聚焦三大领域: 一是以人工智能、大数据、虚拟现实、高端芯片、智能机器人、无人驾驶等为代表的前沿信息领域；二是以生物医药和高端医疗器械为代表的生物与健康领域；三是以石墨烯、液态金属、量子通信等为代表的新材料和高端装备领域。假以时日，这些前沿科技将给我们的生活带来改变。（新华社记者罗晓光摄）

中关村改革发展40年之际，人们异常清醒：中关村还存在不少短板和薄弱环节，比如科技型中小企业数量多，但领军型企业和顶尖人才少；掌握核心技术且具有市场主导权的世界级创新企业还不多……

“在中关村，‘异想天开’的企业家还不多，创新孵化体系还需要不断完善，对风险大、周期长的战略性新兴产业亟须提供战略支持。”董小英说。

“硅谷三分之一以上的人都是外籍人才，国际化程度非常高，相对来说我们的国际化人才比例还太小。”翟立新十分坦率地说。

进一步释放生产力，中关村在行动：

2018年1月22日，海淀区委区政府发布《关于加快推进中关村科学城建设的若干措施》，重点推出16条创新举措。

2018年4月26日，教育部科技司、中关村管委会联合发布《关于促进在京高校科技成果转化实施方案》，将在北京大学、清华大学等12家高校率先建设技术转移办公室。

在全国率先设立企业国际化发展专项基金和300亿元中关村并购母基金，建立波士顿创新中心、以色列联络处……中关村正加快全球化布局。

一系列举措陆续推出：大力引进全球顶尖科学家及其创新团队，实施“中关村领军企业创新升级领航计划”，实施高精尖项目对接工程，着力推动“一区多园”高端发展……

京东已建成全球第一个B2C全流程无人仓，并尝试用自主研制的无人车、无人机送货。“我们准备用十多年时间进行技术开发，成为全球领先者、佼佼者。”刘强东说。

“科技兴国，人才强国”，方正大厦4层王选陈列室内，“当代毕昇”的生前“绝笔”格外醒目。

当被问及中关村或者中国是否会出现“马斯克”时，联想控股董事长、联想集团创始人柳传志答道：“太会了，一定会出现。”展望未来，柳传志郑重写下这样几句话：“中国的未来无比美好，中国人民将无比幸福，中国对人类的贡献将无比巨大！”

2011年4月，中关村广场夜景。（新华社发）

3.4 | 兰州：改头换“面”40年

1978年，兰州市GDP为21.8亿元，1992年突破百亿元大关，2010年突破1100亿元，2017年为2523.54亿元，是1978年的115.7倍；

1978年，兰州市人均GDP为1067元，2000年跨越万元大关，2017年为67882元，是1978年的63.6倍；

1978年，兰州财政总收入4.33亿元，1991年突破10亿元，2006年突破100亿元，2017年为671.65亿元，是1978年的155.1倍；

1978年，兰州市社会消费品零售总额5.85亿元，1983年突破10亿元，1996年突破110亿元，2015年突破1100亿元，2017年为1358.72亿元，是1978年的232.2倍。

改革开放的40年时间，兰州市经济总量从小变大，经济实力由弱变强，实现了持续快速发展，经济发展不断跃上新台阶。不断增长的数字背后，则是40年间金城兰州翻天覆地的变化，人们生活得到极大改善，获得感和幸福感与日俱增。

▶ 1978 年 12 月，我国西北新建一座新客运站——兰州火车站投入使用。（新华社记者张生贵摄）

▼ 甘肃省兰州市黄河公路大桥于 1979 年 9 月 28 日正式通车。大桥长 304 米，宽 21 米，可并行 4 辆载重 20 吨的大卡车。它由 144 块薄壁箱预应力混凝土预制件拼装而成，中间三孔跨径均为 70 米。（新华社记者李生才摄）

◀ 位于兰州市龙尾山下的西北民族学院，是新中国成立初期创建的培养少数民族干部的高等学府，从1979年开始招收研究生。（新华社记者张生贵摄）

▶ 1982年，兰州市新建的滨河中路通车，从而结束了兰州自古东西一条路的历史。滨河中路蜿蜒于黄河南岸，全长5.2公里，宽40米。它的建成通车，对改善这座重要工业城市的交通运输条件，促进工农业生产的发展，具有重要意义。（新华社记者王作言摄）

2014年5月13日，在兰州火车站，工作人员在进行高铁站台改建施工。随着兰新铁路第二双线基础性工程基本完成，该线将进入全线联调联试阶段，确保年内正式通车。为满足兰（州）新（疆）第二双线开通后兰州枢纽具备开行动车的能力，兰州车站对既有设施进行全面改造，确保年底前开行动车。（新华社记者张锰摄）

2015 年 8 月 20 日，兰州市水源地建设项目控制性工程——输水隧洞工程在甘肃永靖县开工，标志着项目进入实际施工阶段。图为兰州市水源地工程取水水源——刘家峡水库库区。兰州市水源地建设项目以刘家峡水库为饮水水源地，向兰州市区供水。（新华社记者范培珅摄）

2016 年 11 月 4 日航拍的兰州水车和黄河。（新华社记者陈斌摄）

兰州新区：丝路新城的崛起

2017 年 8 月 20 日，全国第五个、西北首个国家级新区兰州新区迎来获批五周年。和其他东南沿海的新区发展路径不同，地处黄土高坡上的兰州新区从一张白纸上起步，由五年前土丘成群、土地“撂荒”的贫困农业村镇，崛起成为丝绸之路上产业初步集聚、开放平台建立的现代新城。

2014 年 10 月 14 日，经上万名建设者 16 个月的连续奋战，甘肃省重大建设项目之一、兰石集团高端装备产业园在国家级新区——兰州新区建成投产。此举标志着这个拥有“装备中国功勋企业”之称的国有大型企业正式实现“出城入园”，异地“重生”。兰石集团高端装备产业园，由高端石化及新能源装备产业园区、农业装备园区、配套住房及商业地产项目三大部分组成。总占地面积 4576 亩，总投资 180 亿元。图为新建落成投产的兰石集团厂房矗立在国家级新区兰州新区的黄土地之上。（新华社记者郭刚摄）

2015年7月20日，兰州新区2号人工湖畔已经交付使用的居民小区。至2015年，经过3年开发建设，第五个国家级新区——兰州新区核心区100平方公里的基础配套设施建设基本完成，已达到满足产业发展和项目入驻需求。（新华社记者陈斌摄）

▶ 2015年7月20日，正在开发建设的兰州新区。（新华社记者陈斌摄）

▲ 2015年8月21日，兰州至汉堡中欧国际货运往返班列在兰州新区火车北站首发。（新华社记者范培珅摄）

▲ 2017年8月17日，在兰州新区综合保税区，车辆驶向保税区入口。（新华社记者范培珅摄）

2017年8月17日，兰州新区黄河大道。（新华社记者范培珅摄）

▲ 2017年8月17日，在位于兰州新区的长飞光纤光缆兰州有限公司，工人在生产线上作业。（新华社记者范培珅摄）

兰州黄河铁桥见证的历史变迁

兰州黄河铁桥又称“中山桥”。1909 年 8 月，兰州黄河铁桥竣工通车，从而改写了黄河上没有永久性桥梁的历史，被誉为“天下黄河第一桥”。这座桥由来自比利时、德国、美国等国的设计师和工程师以及兰州的建设者共同建造，开启了近代甘肃与西方经济技术合作的先河。1949 年 8 月 26 日，中国人民解放军经过几天几夜的激战，控制兰州黄河铁桥，这标志着解放兰州战役取得决定性胜利。

新中国成立后，特别是经过改革开放以来的建设与发展，兰州已成为全国重要的石油化工、冶金有色和装备制造业基地。如今的兰州，还是我国重要的科研基地、西部重要的商品集散中心。经历了百年的风雨沧桑，黄河铁桥至今仍巍然屹立，成为兰州珍贵的文化遗产和标志性建筑。

2016年11月4日，兰州中山桥夜景。（新华社记者范培珅摄）

左图：人民解放军在1949年8月的解放兰州战役中攻占兰州黄河铁桥。（资料照片）
右图：2009年9月13日，外地游客和本地居民从兰州黄河铁桥上走过。

▲ 1979年，甘肃兰州郊区陈坪公社社员的“社火”队，走村串乡为农民表演各种民间传统文艺节目。“社火”活动是长期盛行于中国农村的一种节日文娱活动形式。“社火”队一般由擅长各种民间传统文艺、体育节目的农民临时自动组织起来的。（李生才摄）

▲ 1980 年，兰州市改革蔬菜经营体制，44 个门市部迅速扭转了浪费、亏损局面。过去，兰州市蔬菜经营由国家统购包销，常常是群众吃不上鲜菜，而门市部却大量烂菜，国家赔钱。1980 年 7 月，兰州市有关部门将 17 家国营门市部划给集体经营，27 家试行独立核算、利润（亏损）包干、超盈分成，两个月就使蔬菜的损耗率比国家规定标准几乎低二分之一，销售量增长，实现利润 10 多元，职工奖金也增多了。（新华社记者敏钟杰摄）

► 2017 年 4 月 12 日，在兰州市城关区阿拉兰牛肉面主题餐厅，拉面师傅在操作间和面。兰州的清晨，是从牛肉面开始的。一碗热气腾腾的牛肉面，既是兰州人生活中不可或缺的一部分，也是外地人了解兰州的重要窗口。（新华社记者陈斌摄）

▶ 2018 年 6 月 25 日，中国厨师在意大利罗马举行的“兰州牛肉拉面牵手意大利面”活动上制作兰州拉面。当日，“兰州牛肉拉面牵手意大利面”暨兰州市文化旅游推介活动在意大利罗马拉开帷幕，来自中意两国的厨师在活动现场“同台竞技”。此外，兰州市还带来了特色演出和民间手工技艺展示。（新华社记者金宇摄）

▲ 2012 年 11 月 22 日，在兰州交通大学国际教育学院，来自土库曼斯坦的留学生艾香（前右）和胞兄宝哥（前左）在课堂上学习汉语言课程。随着改革开放和对外交流的不断扩大，赴中国西部省份甘肃留学的外国学生人数持续增加。根据甘肃省教育厅的统计数据，从 1999 年至 2012 年，来甘肃留学的外国学生人数从 28 人增至 2000 余人。此外，留学生的学习领域也在不断扩展。除“汉语热”外，当地还凭借交通运输、环境工程、机械自动化、国际贸易、民族学等多个优势专业，不断吸引外国留学生来此就读。（新华社记者郭刚摄）

3.5 | 喀什：守住原生态绽放新容颜

喀什，一座古老的城市，丝绸之路的必经之地，西域锁钥的边关重镇；喀什，一座年轻的城市，我国最西部的经济开发区，新疆实现跨越式发展新的增长极。

喀什很远。它在亚欧大陆中心的帕米尔高原上、喀喇昆仑山脚下、塔克拉玛干沙漠边缘。从北京到喀什，即使直飞也需要6个多小时。

喀什又很近。5个对外口岸，与印度、巴基斯坦、阿富汗、塔吉克斯坦、吉尔吉斯斯坦五国接壤，与八国比邻，是中国通往中亚、南亚最为便捷的地区之一。从喀什去欧洲，仅仅需要6个多小时。

加快对外开放，重现丝路繁华，是地处大漠戈壁的喀什长久以来的梦想。

如今的喀什，正在古老的丝绸之路上，创造新的辉煌……

▸ 1980 年，《阿凡提》摄制组在新疆维吾尔自治区喀什市拍外景。“阿凡提的故事”是脍炙人口的新疆维吾尔族民间传说。（新华社记者艾海提摄）

1980 年 8 月，南疆经济、交通中心和农畜产品集散地喀什。（新华社记者武纯展摄）

▲ 1981 年，新疆喀什市新建市区一角。（新华社记者武纯展摄）

▲ 1999 年 5 月 6 日，南疆铁路西段铺轨抵达终点喀什站，至此，南疆铁路全线铺通。南疆铁路东起吐鲁番，西至喀什市，全长 1446 公里。此次修建铺通的是 1996 年 9 月从库尔勒西站引出的西段。图为即将落地的最后一节轨排。（新华社记者罗晓光摄）

2017 年 11 月 8 日，新疆喀什市东湖公园周边的景色。（新华社记者胡虎虎摄）

▲ 2017 年 11 月 7 日，新疆喀什市城区。（新华社记者江文耀摄）

▲ 2013 年 7 月 16 日，喀什晨曦。（高文峰摄）

喀什老城：活着的古城

喀什噶尔老城位于喀什市中心，面积 8.36 平方公里，内有 6.5 万户居民，近 22 万人口，占喀什市区总人口的近一半。整个老城建于土崖之上。在拔地而起数米高的土崖上，分布着以灰色土屋为主的民居群，其中有大量“爬坡楼”“过街楼”。它们由崖底向崖顶修去，最多地段达六七层之多，像藤蔓一样顺势“攀爬”，层层叠叠，并由阶梯彼此相连。远远望去，仿若古城堡，被誉为“新疆的布达拉宫”。

老城，见证了喀什这座有着 2000 多年历史的国家级历史文化名城的演变。

▲ 2009 年 2 月 26 日，第一批准备搬迁至幸福苑社区的喀什老城居民沿途受到了当地居民的欢迎。2010 年 8 月，《喀什市老城区危旧房改造综合治理项目方案》获批，提出要完成老城区 28 个片区 507 万平方米危旧房改造，同步建设 4622 套、24 万平方米安置周转房，项目总投资逾 70 亿元。（新华社记者赵戈摄）

▲ 2010 年 4 月 19 日，一位母亲抱着孩子从喀什老城正在拆迁的房子旁经过。（新华社记者赵戈摄）

2010 年 4 月 20 日，新疆喀什老城全貌。（新华社记者赵戈摄）

▲ 2010 年 6 月 28 日，新疆喀什市老城区核心地区的城市原貌得到有效保护。（新华社记者沈桥摄）

▲ 2014 年 6 月 28 日，市民骑车从喀什老城区经过。（新华社记者金良快摄）

▲ 2012 年 4 月 27 日，夜色中的喀什老城高台民居。（新华社记者赵戈摄）

► 2018 年 5 月 18 日，在喀什老城一户参与“石榴籽计划”体验游项目的土陶匠人家中，意大利游客劳拉在展示自己的土陶作品。2018 年夏天，深圳对口援疆前方指挥部与喀什市共同发起“石榴籽计划”体验式旅游项目，国内外游客可跟随当地手工艺匠人学习制作陶器、铜器、木器；在乐器店欣赏原汁原味的民俗歌舞；自助烤馕、免费品茶；还能走进老城居民家中吃“碰饭”。（新华社记者马锴摄）

开放前沿

喀什经济开发区由喀什市对口援疆城市深圳参与规划建设，拥有深圳产业园、深圳城等多个对口项目。“十三五”规划期间，深圳市对喀什市的援疆资金规模将达到 39.8 亿元左右，重点向产业、民生、基层组织建设等方面倾斜。

◀ 2012 年 6 月 14 日，工人们在焊接钢筋笼。中国中铁一局承建的新疆喀什深喀大道是广东省深圳市援疆项目标志性工程，也是规划建设中的喀什东部新城的主干道和城市空间发展的主轴线。线路总长 9.885 公里，项目总投资约 6.83 亿元。（新华社记者何俊昌摄）

▶ 2017 年 5 月 8 日，工人在喀什深圳产业园深圳广泓能源科技公司制作 LED 灯具配件。当日，新疆喀什市富余劳动力转移就业暨产业员工入职仪式在喀什经济开发区北部产业园举行，1500 名来自喀什市 11 个乡镇的新员工将进行为期一年从农民到产业工人的转型培训。（新华社记者李京摄）

◀ 2017 年 5 月 8 日，工人在喀什深圳产业园新疆美丽奥服装有限公司制作衣服。截至 2017 年 5 月，美丽奥有 1320 名员工，99% 是维吾尔族，70% 来自于贫困户。（新华社记者李京摄）

百姓生活

地处欧亚大陆腹心地带的喀什，有文字记载的历史达2100年之久，是古丝绸之路中国段南北诸道在西端的总汇之点，历史文化遗产丰富厚重，是新疆最具代表性与典型性的城市。喀什不仅是维吾尔文化的故乡，也是不同文化、不同种族、不同风俗，在历史长廊中交相辉映、相互融合之地。

▲ 1980年，柯尔克孜族牧民在喀什的集市上出售自己的手工产品——富有民族特色的花毡。（新华社记者艾海提摄）

▲ 1980年，新疆维吾尔自治区为了满足各族群众生活的需要，在全区恢复了190多个生产少数民族特需商品的厂、社，产品的花色品种达300多个。图为在喀什市的一次手工业展销会上，各族群众在品评手工业者生产的少数民族特需商品。（新华社记者武纯展摄）

▶ 1978年，喀什开放了原有的63个“巴扎”（维语“集市”）。随着农村经济的发展，至1983年，“巴扎”已增加到95个，成交总额由1978年的3600多万元增加到1982年的1.7亿元。喀什市中心的艾提尕尔广场是星期日集市贸易的中心。赶集的人们有时一天多达10万人，成交额在20万元以上。（新华社记者武纯展摄）

▲ 2017年9月25日，在“坎土曼”巴扎里，一位居民在打制“马蹄铁”。9月的新疆喀什秋高气爽，在这座城市的“坎土曼”巴扎（集市）里，每到傍晚时分，巴扎的节奏就逐渐变慢下来，当地居民享受着舒缓而又惬意的生活。“坎土曼”巴扎主要以铁匠铺打制经营坎土曼等生产生活工具而得名，位于喀什老城区内。游客在“坎土曼”巴扎能看到传承了数百年的维吾尔族铁艺加工全过程。（新华社记者赵戈摄）

▲ 2017年9月25日，在“坎土曼”巴扎里，两名铁匠在制作铜锅。（新华社记者赵戈摄）

▼ 2017年9月25日，“坎土曼”巴扎里，一位居民弹起“弹布尔”。（新华社记者赵戈摄）

走进新疆喀什老城人家，每家每户或多或少都有着各色土陶，或盘或杯或碗或瓶，其中，吐尔逊·祖农制作的土陶尤为出名。

作为喀什老城土陶技艺第六代传人，吐尔逊从小便跟着爷爷和父亲制作土陶，是这里最资深的手工制陶人，他的祖宅也成为老城游客了解土陶的首选之地。

吐尔逊的父亲 2005 年去世，把手艺和祖宅都留给了他。祖宅位于喀什老城东南缘的高台，直面穿越喀什的吐曼河。因为可以就地取材，从河床挖土，曾聚集了大量的土陶匠人。吐尔逊说，鼎盛时期喀什市土陶作坊全部集中在这土崖上，有一百多家土陶作坊。但由于现代工艺的冲击，土陶不再是喀什人的必需品，如今作坊已不超过五家。

“要不是政府的保护、旅游业的发展，我的这项技艺恐怕要失传了。”吐尔逊告诉记者，作为自治区级非物质文化遗产传承人，每年他可以得到 4800 元的补贴。老城从 2009 年起开始修缮和加固，游客随之增多，为他的土陶作坊带来新的生机。

▲ 2018 年 3 月 14 日，吐尔逊·祖农在老城边的吐曼河取土。（新华社记者赵戈摄）

▲ 2018 年 3 月 16 日，吐尔逊·祖农在喀什老城的家中制作土陶。（新华社记者赵戈摄）

▲ 2018 年 3 月 14 日，在喀什老城的家中，吐尔逊·祖农将刚制作好的土陶摆放整齐。（新华社记者赵戈）

第4篇

城镇变迁篇（二）

4.1 | 墨脱：“莲花秘境”告别高原孤岛之“路”

墨脱位于喜马拉雅山南麓、雅鲁藏布江大拐弯处，被茫茫雪山四面环抱。

由于大山大河的阻隔，去墨脱难于上青天。墨脱全年有长达9个月的封山期，从发电机到一根针等各种物资都要在每年仅有的三个月开山时节中靠人力和骡马运进去。翻山越岭、路途遥远不说，人畜还得忍受蚂蟥、毒虫叮咬之苦，冒坠落雪崖之险。每年都有人死在运输途中，墨脱因而有“高原孤岛”“人间绝境”之称。

墨脱县总面积达3万多平方公里，自然资源丰富，土地肥沃，年降雨量达2000毫米以上，年最低气温为10摄氏度左右，属亚热带、准热带气候，许多生长在中国南方的植物可在这里栽种，一年四季叶绿花繁，景色绮丽，因此人们称它为墨脱。藏语“墨脱”意思就是花朵。

▶ 1983年11月，墨脱县的藤网桥，具有独特的建筑技艺和民族风格。（新华社记者土登摄）

▲ 1988 年 3 月，西藏墨脱县，在途中小憩的背夫。当时的墨脱是中国唯一没有通公路的县，货物运输全靠人背。（新华社记者姜恩宇摄）

1988 年 3 月，墨脱县门巴族人翻过山岭将特产运往外地，把日用品背回墨脱。（新华社记者土登摄）

1983 年 11 月，门巴族人的村庄。（新华社记者土登摄）

2017 年 3 月 30 日，鸟瞰西藏墨脱公路。（新华社记者普布扎西摄）

▲ 2013 年 10 月 31 日，墨脱县通车，当地群众热烈迎接驶进墨脱的车辆。（新华社记者觉果摄）

2013 年 10 月 31 日，西藏墨脱公路正式通车，这标志着我国结束了还有县不通公路的历史，实现“县县通公路”的目标。墨脱公路全长 117.3 公里，总投资 16 亿元，起点为林芝市波密县扎木镇 318 国道川藏公路与老扎墨公路的交会处，先后跨越波斗藏布江、金珠藏布江、西莫河等 6 条江河，以隧道穿越嘎隆拉雪山，经米日和马迪村到达墨脱县城莲花广场。

2017 年 9 月 3 日，鸟瞰墨脱县城。（新华社记者张汝锋摄）

4.2 | 茅台镇：千年古镇添新机

夜幕降临，赤水河静静流淌，一弯新月下的茅台镇灯光点点。

一千多年前，这里盐商聚集，也孕育了酱酒精魂。自从1915年茅台酒荣获巴拿马万国博览会金奖后，茅台镇更以美酒名扬海外，成为世人公认的“中国第一酒镇”。改革开放以来，茅台镇顺应时代发展，实现了历史性飞跃，完成了一次又一次华丽转身。

▼ 1982 年 5 月，茅台远眺。（钟正刚摄）

2016年4月，茅台远眺。（蔡海红摄）

站在四渡赤水纪念塔前俯瞰，眼前民居、剧院、广场错落有致。走进杨柳弯街，酒香四溢，古色古香楼阁下，游客络绎不绝，处处都是别样“芳容”。

漫步其中，不时有酒罐车和高粱运输车呼啸而过，三五个背篼，正把一箱箱白酒装入各地牌照的大货车上。沿途的专卖店、小酒作坊鳞次栉比，除了包装精美的“茅台”“赖茅”“国台”等品牌白酒外，一个个装着散酒的千金大酒缸，让人们仿佛置身于武侠世界的江湖中。

然而几年前，茅台镇给客人的印象还是拥挤不堪、污水横流、垃圾遍地。为了改变茅台酒香、茅台镇脏的面貌，一场城市蜕变的大幕拉开。

2012年，贵州在全省首届小城镇发展大会上提出，要把仁怀市茅台镇建设成为“贵州第一、全国一流、世界知名”的文化旅游名镇。

按照“一年出形象、两年大变样、三年基本建成”的思路，茅台镇拟定了“产业壮大、环境整治、交通疏解、旅游开发”等 71 个项目，总投资达 256.89 亿元。

在初期，不少人也不理解，认为是表面文章、“形象工程”。面对质疑，当地干部在群众的支持配合下，用真心诚意成功化解了一个个矛盾，先后征地上万亩，搬迁 7000 多户村民。

茅台镇是“国酒茅台”的产地，范围内酿酒企业超过数千家，白酒品牌超过 3000 余个。

2014 年以来，茅台镇不断完善酒企“管网改造、煤改气和品牌保护”等工作，整顿规范地方酒类企业 400 余家，取缔关闭非法白酒生产企业、作坊 120 家，污染企业 66 家。

据了解，目前镇域内资产规模上亿的酒类企业有 10 家，千万以上的有 50 多家。全镇有数万名农村劳动力转变成为产业工人，切实增加了百姓收入，提高农民生活品质。

统计数据显示，2017 年，茅台镇完成地区生产总值 558 亿元，工业总产值 532 亿元，地方财政总收入 10.107 亿元。酒企工业产量完成 22 万千升，其中茅台酒厂 6.8 万千升，地方酒厂 15.2 万千升，实现经济价值数千亿元。

随着发展步伐的加快，一张张闪亮的名片出现在世人眼前：第一批中国特色小镇、国家 AAAA 级旅游景区、中国十大品质休闲基地、中国综合实力百强镇……

每当华灯初上，茅台镇时常有精彩绝伦的“水舞秀”表演，使千年古镇犹如一幅“清明上河图”展现在世人的面前，令人心旷神怡……（文 / 向定杰）

► 2015 年 10 月 22 日，在贵州省仁怀市茅台镇，电影《国酒》出品方与主创团队出席发布会。当日，由中国贵州茅台酒厂（集团）有限责任公司、潇湘电影集团有限公司联合出品的电影《国酒》在贵州仁怀茅台镇举办新闻发布会。影片讲述的是 1915 年茅台酒在美国巴拿马万国博览会获奖之后，酒业代表的曹、程两家烧坊在乱世之中上演的纷杂争斗。（新华社记者李任滋摄）

4.3 濮院镇：毛衫时尚小镇的“时尚转型”

浙江省桐乡市濮院镇是全国最大的羊毛衫集散中心和全国毛针织服装生产基地，约有上万户生产加工企业，市场现有19个交易区，1万余间商铺，毛衫交易量占全国总量的60%以上。

明清时期，桐乡市濮院镇曾以“日出万匹绸”而闻名。1976年，濮院镇弹花生产合作社开始摇织羊毛衫，生产出了濮院第一件羊毛衫。20世纪80年代初期，羊毛衫家庭作坊如雨后春笋般涌现，一个羊毛衫马路市场就这样在濮院自然形成，也是濮院羊毛衫交易市场的雏形。经过40多年的发展，濮院镇已经从最初的简单、初级的毛衫产品生产向品质化、品牌化和时尚化发展，形成了纺纱、编织、印染、后整理、辅料、机械制造、检验检测、包装等完整的产业链，由毛衫和服装而衍生的生产资料年需求已超过600亿元。

20世纪80年代初期的濮院羊毛衫市场。（资料照片）

▲ 20世纪90年代初期的濮院羊毛衫市场。（资料照片）

▲ 20世纪90年代初期的濮院羊毛衫家庭作坊。（资料照片）

▲ 2018 年 5 月 24 日，濮院国贸名品港的一家近千平方米的展馆，该展馆名为“GGZ 服饰”，陈列了 1000 多款潮流服饰，店员通过直播视频等互联网方式为全国各地的客商订货下单。（新华社记者徐昱摄）

2018 年 5 月 23 日，蒂维时装有限公司的工作人员在展示一块运用一体成衣技术制作而成的服饰面料，该技术用全成型电脑横机可以将多种不同材质不同颜色的面料一次成型加工成成品服饰，不用后期缝制拼接，实现了“天衣无缝”。（新华社记者徐昱摄）

现在的濮院对内通过创新驱动、市场提升、品牌引领和创意设计，推动了濮院毛衫产业智能升级。同时大力发展创意设计、电子商务、现代物流等现代服务业，形成了商业集聚和产业集群良性互动的格局。在对外整体推广上，举办毛衫国际时尚流行趋势发布，组织企业集体亮相上海、香港等国际服装博览会。在整体项目推进上，着力打造休闲“旅游＋时尚”购物新型市场模式，推动生产服务业向价值链高端延伸。

2017年全国区域品牌价值评价结果发布，“濮院毛衫”品牌价值75.01亿元。目前，濮院毛衫创新园暨世界毛衫博览中心、濮院轻纺城、濮院时尚中心、古镇观光区、生态度假区、时尚文化创意区等六大项目已经实现全面落地，这里将成为2020年第89届国际毛纺大会的举办地。濮院以整体提升小镇功能为主线，推动毛衫产业整体智造升级，传统羊毛衫市场向“毛衫时尚小镇”的“时尚转型”之路越走越宽、越走越明朗。

◂ 2018年5月23日，空中俯瞰包括濮院轻纺城、国际时装城、环贸中心、国贸名品港等在内的濮院毛衫时尚小镇。（新华社记者徐昱摄）

4.4 | 义乌：从“鸡毛换糖”到“全球电商”

40年前，义乌还是浙江中部一个贫困的农业小县，人多地少，资源贫乏。这里的人自古就有经商的习惯，“鸡毛换糖”是义乌货郎们传统的谋生手段。农闲时，义乌货郎们便摇起拨浪鼓，挑着装满敲糖的箩筐，行走在浙江及其周边省份的城乡换取鸡毛和牙膏皮等废品，回家后再把换来的鸡毛当作农田的肥料，或制成掸子卖给供销社，牙膏皮等则卖给废品回收站。

改革开放的春风，让这片曾经荒芜贫瘠的土地，焕发出了前所未有的生机和活力。

改革开放后，商品经济在我国一些地方逐步解冻，手工制品、农产品摆上了集市，然而长途贩卖、摆地摊做小生意仍被当作投机倒把行为加以打击。此时，一些义乌人开始不满足仅仅靠“鸡毛换糖”解决生计问题，提心吊胆地做起了贩卖日用小商品的生意。

1980 年，有 5 个子女的义乌妇女冯爱倩开始了艰辛的从商之路，在县城偷偷摸摸地摆起地摊。1982 年 5 月的一天，货物屡次被没收的冯爱倩鼓足勇气站在了义乌县委门前，来跟新来的县委书记谢高华讨说法。县委书记谢高华与普通农妇冯爱倩的争论进行了一个下午。最后，谢高华告诉冯爱倩：你回去摆摊吧，我告诉有关部门不查你们。

1982 年 8 月，义乌县委、县政府在经过调查研究和反复讨论后，毅然作出一个大胆决策：允许农民经商、允许从事长途贩运、允许开放城乡市场、允许多渠道竞争。随即，简陋的义乌第一代小商品市场诞生了。

20 世纪 70 年代，义乌货郎“鸡毛换糖”。（资料照片）

▲ 1982 年 9 月开业的义乌第一代小商品市场。1984 年，这个市场的成交额达 2321 万元，商品主要销往义乌周边县市。（资料照片）

1984 年，义乌县委、县政府明确提出“兴商建县”发展战略。此后的 20 多年间，义乌小商品市场数次易址、扩建，逐步转变提升为现代化、国际化的商贸城，发展成全国性小商品流通中心和国际性小商品采购基地。

2005 年，义乌市场被联合国、世界银行、摩根士丹利银行评为“全球最大的日用商品批发市场”，义乌成为一座名副其实的“世界超市”。2006 年 10 月，由国家商务部主持编制的“义乌 · 中国小商品指数”开始定期向全球发布，成为全球日用消费品生产贸易价格变动的“风向标”和“晴雨表”。

▲ 1986 年 9 月建成开业的义乌第三代小商品市场。义乌第三代小商品市场经两次扩建，到 1990 年底已成为我国最大的小商品专业批发市场。1991 年，义乌市场的成交额突破 10 亿元。（资料照片）

▼ 1984 年底开业的义乌第二代小商品市场。1986 年，义乌市场的成交额突破 1 亿元，辐射范围从周边县市延伸到省内外。（资料照片）

◄ 这是 1995 年 5 月义乌中国小商品城举办首届中国名优新小商品博览会的资料照片。从 1995 年开始，义乌每年举办一届小商品博览会。

义乌给人的印象，首先是全国最大的小商品集散地，小商品市场成交额已经连续 26 年名列全国榜首，号称世界“小商品之都”。实际上，自 2013 年以来，义乌网上交易在数字上已经跑赢了实体交易。从 2010 年到 2016 年，义乌电子商务贸易额从 250 亿元增长到了 1770 亿元。2017 年 1—9 月份，全市实现电子商务交易额 1378.37 亿元，同比增长 20.13%。其中内贸电子商务交易额 853.97 亿元，同比增长 21.8%，跨境电子商务交易额 524.4 亿元，同比增长 17.48%。

如今，义乌的各大电商平台也是日趋增多，除了天猫、京东，还有拼多多、唯品会、贝贝网、国美、苏宁等，还有一部分移动电商，比如微商城。据义乌商务局统计，义乌现在各大电子商务平台网商账户总数超过 27.8 万户，其中注册地在义乌的淘宝卖家（含天猫）账户达到 10.8 万个，交易超过 50 万笔的淘宝“金冠”店铺，有近十分之一在义乌；在淘宝的销售额排名，义乌居全国县级市之首。

从线下到线上，从“鸡毛换糖”到“全球电商”，义乌已连续四年位列“中国电商百佳县”榜首，并获批国家电子商务示范城市、国家县域电子商务大数据应用统计试点城市、浙江（义乌）跨境电子商务创新发展示范区、浙江省小商品产业集群跨境电子商务发展试点。义乌这座以“全球最大的小商品集散中心”著称的城市，正日益崛起成为全球瞩目的“电商之都”。

浓厚的“亲商”氛围，低成本的配套环境，不但吸引着外来创业人才来义乌创业，也吸引着本地人才纷纷回归，使义乌的电商发展风生水起、风起云涌。从“电商高地”到“生态系统”，义乌走上了一条延伸产业链、升级服务、提升品质的产业转型道路，也让义乌这座城市占领了新的制高点，成就了一方电商蓬勃发展的沃土。

党的十九大报告提出要建设网络强国、数字中国、智慧社会，推动互联网、大数据、人工智能和实体经济深度融合。当下，人工智能技术的快速发展，引发了很多传统业态的全过程颠覆，这个时代需要我们加速快跑。如今的义乌，正以“电商之都”的名义，吸引着来自全国乃至全球的创业者在这片沃土根植生发，在线上线下深度融合的发展之路上实现着人生的梦想，诠释着一座城市经久不衰的生命力。

2017 年 7 月 19 日，在捷克首都布拉格拍摄的布拉格—义乌中欧班列发车仪式现场。布拉格—义乌中欧班列当日在捷克首都布拉格成功首发，开启了捷克和中国浙江省新的贸易通道。据布拉格—义乌中欧班列运营方、义乌市天盟实业投资有限公司董事长冯旭斌介绍，这趟班列满载 41 个货柜，共计 82 个标箱，包括水晶、汽车配件、啤酒等捷克特色产品及其他欧洲商品，总货值约 500 万美元。班列途经波兰、白俄罗斯、俄罗斯、哈萨克斯坦，由阿拉山口入境中国，最终抵达目的地浙江义乌，全程运输时间约 16 天。（新华社发／科什奈洛娃摄）

4.5 | 安亭镇：从归震川旧里到“中国汽车第一镇”

翻开嘉定安亭的“汽车发展史”，可以梳理出一个清晰的“脉络”：

20世纪五六十年代，“凤凰牌”“上海牌”等国产轿车品牌从这里诞生；

20世纪80年代初，中德合资的大众桑塔纳由这里实现流水线式规模化量产。

在立足汽车生产、研发和贸易的基础上，安亭更广延至汽车博览、教育、运动和文化，正在打造成为有世界影响的“全产业链＋全价值链”的现代化国际汽车城。

原籍为沪郊嘉定安亭的老翻译家李金波在20世纪80年代写的一篇回忆性散文中写道：这个以明代著名文学家归有光震川先生为“乡先贤”的沪上古镇，“现在是上海市的卫星镇，而且是一个初具规模的汽车城了”。

“震川先生可算是半个安亭人。因为他的老家是在昆山，而他夫人的母家却在安亭镇上。有时候他就到安亭来住上一段辰光，因此震川先生也被安亭人承认为这儿的‘乡先贤’了。后来就在镇的边上，出现了一座纪念他的建筑物——震川书院。”这个震川书院，如今在安亭不仅依然好好地保留着，而且还是大家觉得“神圣”和向往之地。这里面反映出来的，是这一片古老的土地上，对于贤明、“好的东西”的一派“服善”之诚，或者换言之，就是一种诚恳的“学习精神”。学习精神，也就是一种开放明达的精神。

1984年，安亭镇镇中心。

如果说，中国汽车没有停留在“进口汽车组装”这一起步环节上“享清福”，那么，建设汽车城的决策，可以说是其中一项重要的思路转型。只有一点一滴地向全产业链、全价值链扩展，才能形成一个最大的产业、社会和文化舞台，成为国际的“汽车”中心平台，各样的“好东西”、各种的“好想法”都能够汇集在这里，互相碰撞、重组和融合。

翻阅安亭镇改革开放以来积存的经济社会资料汇编，其中有不少篇都是叙述了一些传统、质朴的村庄，面对“家门口”突然而至的先进、似乎“高不可攀”的汽车业巨头，没有排斥，没有畏缩，也没有自惭形秽，而是好奇、认真、虚心和诚恳，并且那样地善于开动脑筋。

上海大众所在的安亭塔庙村，从 20 世纪五六十年代起，就接受上海汽车产业的生产布局，几代村民中，都有不少被安排在汽车厂工作。这些村里的“汽车人”，他们身上的技术和手艺，塔庙人都是视作村里“共同的财富”。当改革开放使经济要素流动起来之后，塔庙村与上海大众之间的“墙”很快就打通了，村干部的恳切和热心，让现代化大企业也很快感受到中国乡村内在的热力和活力。上海大众的“外溢”效应，让塔庙村活起来了，村可支配资产的年收入已突破亿元，村办集体企业已发展到上海市外设分厂，成为上海大众 A 级供货商企业。而且反过来，塔庙村也成为一个“缩影”，使得上海的汽车业，从汽车产业基地转型为全产业链、全价值链的汽车城，有了一个生动的“注脚”。上海大众与塔庙村之间的“拆墙”，正是汽车生产与汽车研发、汽车贸易，以及汽车产业与汽车社会、汽车文化之间种种“拆墙”的第一步。

安亭人注定不喜欢“筑墙”，而是诚恳虚心地“拆墙”，这是由这一派土地上从“震川书院”一脉而来的“服善”之诚和学习精神所决定的。一个人只有真心实意地明白别人好在哪里，才能反过来真正“读懂”自己好在哪里，也才会让别人来真心实意地明白“你好在哪里”。全球化的当今世间，“拆墙”太宝贵了。

◀ 2007 年 11 月 15 日，一座为燃料电池汽车服务的加氢站在上海安亭国际汽车城正式开业。安亭加氢站主要为使用燃料电池的轿车和公交车提供压缩氢气。氢燃料电池车的尾气排放几乎为零，能显著改善城市空气质量。（赵昀摄）

如今，中国上海国际汽车城，已成为全球电动车和智能网联汽车的一个重要全球性“节点平台”，悄悄地形成了“三个全球领先”：上海成为全球新能源车保有量最大的城市、上海成为全球新能源车分时租赁规模最大的城市、上海嘉定建成全球领先的国家智能网联汽车测试区域。嘉定近来有一句话很流行：过去汽车改变了嘉定，未来嘉定也许能对汽车

业的改变有所贡献。语气中，还是不改那位安亭的老翻译家所概括出的这一股“服善和学习”之诚。最近，老翻译家的一位侄子，退休之后叶落归根，回到安亭老家，用自己平时收集起来的大大小小古今中外的钟表，建起了一座“大来时间馆”。时间当中，有变更有不变。对故乡的情义，以及故乡“泥土里的东西”，永远不变。（文 / 李荣）

▲ 2018 年，安亭镇镇中心。

下　编

XIABIAN

第 5 篇

经济改革篇

中国经济增长创造世界奇迹

5.1 | 中国走向世界：打开国门搞建设

实践证明，过去 40 年中国经济发展是在开放条件下取得的，未来中国经济实现高质量发展也必须在更加开放条件下进行。这是中国基于发展需要作出的战略抉择，同时也是在以实际行动推动经济全球化造福世界各国人民。

——习近平，《开放共创繁荣 创新引领未来——在博鳌亚洲论坛 2018 年年会开幕式上的主旨演讲》，2018 年 4 月 10 日

改革开放是决定当代中国命运的关键抉择。

站在改革开放 40 周年的特殊年份回望，壮阔东方潮深刻改变了中国，也深刻影响了世界。

从新的历史起点再出发，奋进新时代的改革开放步伐更加铿锵有力、稳健豪迈。

第一批中外合资企业

1980 年 4 月 10 日，中国第一家中外合资企业——北京航空食品有限公司被批准成立，5 月 1 日公司在北京正式挂牌。首批被批准的中外合资企业还有中国迅达电梯有限公司、新疆天山毛纺织品有限公司、北京建国饭店、北京长城饭店、天津王朝葡萄酒公司等。

▶ 中国迅达电梯有限公司自动扶梯组装线。（新华社记者王呈选摄）

▶ 1980 年 6 月 27 日，中美合资建造的中国第一家中外合资饭店——建国饭店开工建设，1982 年 3 月 29 日正式营业。这是北京建国饭店工程开工典礼。

◀1986 年 5 月 23 日，北京航空食品公司厨师长、法国人孟培沙（左二）和助理厨师长、香港同胞邓耀全（右二）等在一起研究航空菜肴的配制质量。（新华社记者戴纪明摄）

建设中的北京长城饭店。

1984 年 6 月，已正式营业的北京长城饭店。

◀ 广东省珠海市香洲毛纺厂，是广东省最先利用外资兴办的工厂。投产后不断总结经验教训，建立一套比较完整的规章制度，生产效率迅速提高，产品已行销港澳地区和日本、西欧各国。1981 年底，该厂已提前全部偿还外商投资的本息。位于珠江口西南的珠海、原来是一个只有 13 万人口的小县城。1979 年 7 月，经国务院批准，珠海由县改为市，并且划出 6.8 平方公里的土地，设立经济特区，实行了特殊的经济政策，鼓励海外客商到这里投资设厂，促使市区工农业生产、外贸和旅游业发展。

（新华社记者李长永摄）

▶ 中美合资经营的“北京美国肯德基家乡鸡快餐厅”于 1987 年 9 月 29 日开始试营业。这是中国第一家专门经营美国肯德基家乡鸡的快餐厅。该餐厅设有 500 多个座位，每天可烹制 1000 多只炸鸡。图为地处北京前门大街的美国肯德基家乡鸡快餐厅外景。

（新华社记者韩晓华摄）

◀ 1995 年 10 月 18 日，我国纺织行业第一家合资企业——新疆天山毛纺织股份公司在北京举办新产品展示会，受到首都观众的好评。

▶ 天山毛纺织品有限公司针织二厂维吾尔族青年女工阿米娜（右）向香港派来的技术顾问李丽娟学习技术。

1992 年 1 月 8 日至 15 日，首届中国外资企业出口商品交易会在福建省厦门经济特区富山展览城举行。为期 8 天的交易会上，出口成交额达 2.98 亿美元，内销订货达 5.87 亿元，还签订投资项目、合同协议、意向书共 222 份。

（新华社记者黄兴泉摄）

引进来 VS 走出去

▲ 2013年10月14日上午，众多企业代表来到自贸区综合服务大厅咨询办理业务。当日是上海自贸区8日起正式受理入驻企业登记注册申请后的第4个工作日，即首个“领证日”。上午9时起，中国（上海）自由贸易试验区挂牌后部分首批入驻企业来到自贸区综合服务大厅领取营业执照。在自贸区的管理模式下，未列入负面清单的外商投资一般项目，最快4天即可拿到营业执照、企业代码和税务登记证，比原来承诺的29天时间大大缩短。（徐网林摄）

▶ 2017年12月6日，苹果公司首席执行官蒂姆·库克在《财富》全球论坛2017年会上发言。从12月6日开始，《财富》全球论坛2017年会在广州举行。这是全球工商界领袖与知名专家学者的思想盛宴，也是全球市场人士研判世界经济格局变化、抢占发展与合作先机的重要平台。开放、包容、普惠、平衡、共赢……透过论坛，新时代中国的发展政策主张得到清晰地传递；捍卫、构建、重塑、驱动、创新……深度调整、曲折复苏中的世界经济，也透过“财富之眼”，更深刻感受到了动能强劲的“中国贡献”。（新华社记者刘大伟摄）

▲ 2002 年 7 月 30 日，1956 辆长城皮卡汽车在天津新港装船运往北非、中东及南美等地。

▲ 2005 年 8 月 13 日，中国银联上海总部大厦。截至 2016 年 5 月，境外 40 个国家和地区已累计发行超过 5500 万张银联卡。（井韦摄）

▼ 2010 年 4 月 30 日，中国 2010 年上海世博会开幕式大型灯光焰火表演在上海举行。5 月 1 日，上海世博会正式开园。上海世博会是第 41 届世界博览会，是继北京奥运会后中国举办的又一世界性盛会，是新中国成立以来中国举办的规模最大、持续时间最长的国际活动。（新华社记者程敏摄）

2014年，中国企业再度迎来赴美上市的新高潮。近20家中国企业在美国上市，行业涉及电商平台、职业教育、医疗健康、社交网络、旅游服务、电子游戏、移动互联网等。而中国电商巨头阿里巴巴则打破了6年半以来的美国首次公开募股（IPO）融资额纪录，成为美国融资额最大的IPO。

这些赴美上市的中国公司给美国乃至全世界的投资者带来了分享中国经济增长的机会，也让美国和世界其他地区的资本市场更多关注中国经济的发展以及中国公司的表现。对这些公司而言，今后在国内国外所面临的机遇和挑战都会更大，赴美上市只是中国公司的国际化进程中的“万里长征第一步”。

▲ 2014年4月17日，在美国纽约时报广场的纳斯达克交易所旁，新浪董事长曹国伟（右二）与纳斯达克OMX交易所集团首席执行官罗伯特·格雷菲尔德（左二）握手。新浪旗下的社交媒体平台微博公司（原名新浪微博）当日登陆美国纳斯达克交易所。（新华社/法新）

▲ 2014年6月12日，印有智联招聘公司标志的海报在美国纽约证券交易所外墙展示。当日，中国知名招聘网站智联招聘在美国纽约证券交易所挂牌上市。（新华社记者黄继汇摄）

2015年8月14日，中石化中原油田在沙特东部地区沙漠腹地中的一个石油钻井平台。（新华社记者王波摄）

▲ 2015 年 10 月 2 日，匈牙利总理欧尔班在布达佩斯参加匈牙利人民币清算中心启动仪式。（弗尔季·奥蒂洛摄）

▼ 2016 年 1 月 17 日，坐落于北京金融街的亚洲基础设施投资银行总部大楼正式投入使用。亚投行的创建被认为是国际金融秩序的创造性补充与增益，给 21 世纪的全球经济治理带来新风。（新华社记者李鑫摄）

2017 年 2 月 22 日，在墨西哥与美国相邻的边境小城罗萨里托，海信集团墨西哥罗萨里托工厂的工人在生产线上作业。海信集团通过并购夏普墨西哥工厂正式进驻墨西哥。短短一年内，这座占地约 300 亩的工厂彩电年生产量就从 30 万台升至 160 万台，主要销往美国、墨西哥和其他中南美洲地区。（新华社记者李文清摄）

2016 年 10 月 5 日，在肯尼亚内罗毕的友盛集团变压器工厂，一名中国工程师指导肯尼亚员工作业。（新华社记者潘思危摄）

“中国开放的大门不会关闭，只会越开越大！”在博鳌亚洲论坛2018年年会开幕式上，习近平主席高瞻远瞩、审时度势，顺应世界潮流，宣示新时代中国扩大对外开放的坚定决心和重大举措。开放共赢的中国方案，正确而有力地回答了“开放还是封闭，前进还是后退”的时代之问，赢得国际社会的广泛认同和赞誉。

纵览世界风云变幻，回望中国百年沧桑，“开放”都是一个解码兴衰荣辱的关键词。改革开放是中国和世界共同发展进步的伟大历程。40年来，中国人民始终敞开胸襟、拥抱世界，成功实现从封闭半封闭到全方位开放的伟大转折，书写了国家和民族发展的壮丽史诗。中国坚定不移扩大开放，既是历史经验的深刻总结，也是面向未来的战略抉择。世界已经成为你中有我、我中有你的地球村，经济全球化已成不可逆转的时代潮流，未来中国经济的高质量发展，必须在更加开放条件下才能实现，中华民族伟大复兴必将在改革开放的进程中得以实现。

“开着门，世界能够进入中国，中国也才能走向世界。”

扬帆再起航，始终保持海纳百川的胸怀，激发变革创新的勇气，中国对外开放一定会打开一个全新的局面，中国与世界的合作共赢一定会写下更精彩的篇章。

▲ 2017年8月25日，在位于智利首都圣地亚哥的智利邮政物流中心，工作人员分拣来自中国的包裹。在距中国遥远的国家智利，阿里巴巴旗下的跨境电商平台全球速卖通是智利人的主要网购网站之一。（豪尔赫摄）

特写：外贸“晴雨表”——广交会见证的外贸发展史

这是新中国历史最为悠久的贸易盛会——

1957年起，每年春秋各办一届，迄今已走过60多年的光辉历程。

这是世界瞩目的全球卖场——

2018年，是改革开放40周年。4月，广州迎来了第123届中国进出口商品交易会。此届广交会展览面积超过118万平方米、6万多个展位、2.5万多家参展企业，有210多个国家和地区的采购商穿行其间。

广交会目前已与全球213个国家和地区建立了贸易关系，据不完全统计，共有来自82个国家和地区的116位政要到访。

▲ 1973年春季中国出口商品交易会，于4月15日在广州隆重开幕。图为来自世界五大洲的5000多名贸易界人士、海外华侨和港澳同胞聚集在交易会大楼前的盛况。

▲ 1977年10月28日，工作人员向外宾介绍天津出口的自行车的性能和优点。1977年秋季中国出口商品交易会10月15日在广州开幕。（新华社记者杨震河摄）

1986年8月，近百块国内外企业产品的广告牌矗立在广州市广交会会址周围的马路旁，十分引人注目。（新华社记者陈学思摄）

1991年11月4日，华东计算技术研究所新开发的ECI－286高性能便携式微机，可与IBMPC/AT兼容，具有体积小、功耗低、可靠性高、携带方便等优点。第70届中国出口商品交易会于1991年10月15日至30日在广东省广州市举行。这届广交会与历届相比，品种增多，名、优、新和高科技产品比重增大。（新华社记者刘玉生摄）

1983年4月23日，福建省投资企业公司与日本日立株式会社合资经营的“福日牌”彩色、黑白电视机首次在广交会上展销。参加这届交易会的中外合资企业共10多家。（新华社记者潘家珉摄）

◀ 2016 年 4 月 15 日，一家参展商展出智能机器人。当日，第 119 届中国进出口商品交易会（广交会）在广州琶洲会展中心开幕。据介绍，本届广交会展览总面积 118 万平方米，展位总数 60233 个，境内外参展企业 24514 家。（新华社记者梁旭摄）

▲ 2017 年 4 月 17 日，江苏林海动力机械集团有限公司的工作人员在第 121 届中国进出口商品交易会（广交会）上展示产品。据统计，本届广交会品牌展区成交额为 109 亿美元，同比增长 16.9%，占总成交额的 36.3%；与“一带一路”沿线国家和地区成交额为 90.1 亿美元，同比增长 4.8%。在成交订单中，3 个月以内的单占 45%，3 个月至 6 个月的单占 35.9%，6 个月以上的单占 19.1%。（新华社记者程婷婷摄）

广交会是一部浓缩的中国外贸发展史，见证企业从“中国制造”迈向“中国创造”。也见证中国外贸由小变大，成长为世界贸易大国。未来将继续书写广交会的传奇。

▲ 2018 年 4 月 23 日，客商在第 123 届中国进出口商品交易会（广交会）展馆里参观选购。改革开放 40 年来，中国敞开胸襟、拥抱世界，成功实现从封闭半封闭到全方位开放的伟大转折。进入新时代的中国，正勇立潮头，扩大开放扬帆起航。（新华社记者卢汉欣摄）

当今世界，和平合作的潮流滚滚向前，开放融通的潮流滚滚向前，变革创新的潮流滚滚向前。

与此同时，全球增长动能不足、全球经济治理滞后、全球发展失衡这些根本性矛盾仍然比较突出。逆全球化思潮和保护主义情绪升温，加剧了世界经济中的风险和不确定性。

开放还是封闭，前进还是后退，面对时代之问，中国已然作出抉择：

——过去 40 年中国经济发展是在开放条件下取得的，未来中国经济实现高质量发展也必须在更加开放条件下进行。

——和平与发展是世界各国人民的共同心声，冷战思维、零和博弈愈发陈旧落伍，妄自尊大或独善其身只能四处碰壁。

——世界已经成为你中有我、我中有你的地球村，各国经济社会发展日益相互联系、相互影响，推进互联互通、加快融合发展成为促进共同繁荣发展的必然选择。

——历史一再证明，封闭最终只能走进死胡同，只有开放合作，道路才能越走越宽。

▲ 1999 年 4 月，由原斯普瑞克自行车厂置换而成的长安商城。（新华社记者李昌元摄）

► 2003 年 9 月 1 日，东风汽车公司十堰商用车基地的工人在安装汽车组件。（新华社记者郝同前摄）

▶ 2005 年 6 月 3 日，经过改革、重组和改造后的沈阳机床集团数控机床生产车间。（新华社记者任勇摄）

▼ 2018 年 3 月 23 日，中车唐山机车车辆有限公司的工人在动车组生产线上工作。河北省唐山市中车唐山机车车辆有限公司（简称唐车）始建于 1881 年，改革开放 40 年来，唐车走过了国企改革从奠基、起步、发展到壮大的历程。其发展历程，是我国改革开放 40 年来，铁路装备制造业实现高质量发展的缩影。如今的唐车，具备年新造动车组 120 列、检修动车组 230 列，同时新造城轨车 600 辆、碳钢客车 600 辆、转向架 3600 台和检修客车 1000 辆的综合生产能力，2016 年销售收入突破 220 亿元，是 1978 年的 544 倍。（新华社记者杨世尧摄）

民营经济的壮大

▲ 1980 年，上海街头巷尾恢复了一批经营杂货的个体经济小店，深受群众欢迎。这些小店大多是夫妻二人经营，清早开门，晚上也营业，给群众日常生活带来了方便。（新华社记者郑震孙摄）

▶ 青海省第一家个体鞋厂——化隆县青华鞋厂，1992 年 11 月中旬建成投产，年生产能力为 50 万双布鞋、运动鞋和皮鞋。它是由甘都镇撒拉族农民马国才筹资 50 万元兴建的。他从山东、甘肃等地请来师傅，在当地招收 30 名撒拉、藏、回、汉族职工，其中 26 名是农家妇女。祖祖辈辈戴盖头披面纱、极少出门的穆斯林女性，为了劳动方便，揭开面纱走进化隆县青华鞋厂，成为该县的第一代制鞋工人。（新华社记者王精业摄）

▶ 1980年10月，刘桂仙辞去某研究所的“铁饭碗”工作，与家人开办了“文革”结束后，北京出现的第一家私人餐馆——悦宾饭店。图为20世纪80年代初，一位外国记者采访刘桂仙后与她合影。（资料照片）

◄ “手中有钱，再凭身份证，就可以注册登记，成为企业法人代表”，开业仅10个月的上海青浦“富民私营经济开发区”已吸引私营企业800余家，形成了生产、科技、贸易和服务4大型格局，成为华东地区最大的私人老板聚集地。上海富民经济开发区位于上海西郊，淀山湖畔，也是浙、苏、沪3省市交界处。图为1993年4月，开发区董事长周文武正向私营老板介绍地理、环境等情况。（新华社记者张明摄）

▲ 1996 年 10 月，上海高智科技开发公司由 46 名青年科技人员以 30 万元注册资金起家。他们以承担上海证券交易所的卫星通信系统工程起步，开发了上海证券交易的卫星数字广播系统，为上海成为中国的证券、金融中心提供了关键的技术保证。（新华社记者任珑摄）

▲ 1998 年 9 月 19 日，浙江省个体经济成就暨精品展在杭州拉开帷幕。截至 1998 年 9 月，浙江全省有 391 万多人从事个体私营经济，私营企业 9 万多家，为解决社会剩余劳动力，提高人民生活水平做出了贡献。（新华社记者蔡志培摄）

◀ 1996 年 10 月，广东白马广告公司一群年轻的设计人员捧着他们的获奖作品在创作室里留影。该公司 1995 年为深圳“世界之窗”设计的广告宣传品《家的故事》获得世界广告界最高水平的基马奖银奖。（刘彦武摄）

▲ 2014 年 5 月 22 日，在美国纽约纳斯达克交易所附近，一块大屏幕显示出京东上市的消息。当日，中国最大的自营式电商企业——京东集团在美国纳斯达克证券交易所挂牌交易，股票代码为"JD"。（新华社记者王雷摄）

习近平总书记在十三届全国人大一次会议上发表重要讲话时强调："我们要以更大的力度、更实的措施全面深化改革、扩大对外开放，贯彻新发展理念，推动经济高质量发展，建设现代化经济体系，不断增强我国经济实力、科技实力、综合国力，让社会主义市场经济的活力更加充分地展示出来。"

当今世界正处在大发展大变革大调整时期，也正处在一个挑战层出不穷、风险日益增多的时代。世界经济发展的现实引发人们深入思考：究竟是什么原因导致市场经济在不同国家的运行效果存在巨大差异？中国改革开放的实践表明：市场经济运行效果固然受不同国家的国情和文化等因素影响，但根本上还是取决于其制度驾驭能力。我国发挥社会主义制度优势成功驾驭和发展市场经济，取得了举世瞩目的发展成就。

40 年的改革开放，使中国从一个封闭半封闭的计划经济国家转变为一个全方位开放的社会主义市场经济国家，从一个饱受贫困困扰的国家转变为经济总量位居世界第二、人民生活水平不断提高的发展中大国。可以说，中国改革开放以来取得的巨大成就，是对完善和发展中国特色社会主义制度、运用制度优势驾驭市场经济、使市场经济有效服务于实现中华民族伟大复兴中国梦的最好诠释。

2018 年 3 月 27 日，在福建省晋江市一家民营企业，工人在查看经过用电优化的自动化生产设备。近年来，福建省晋江市针对各类民营企业打造精准服务，着力从细节入手优化服务，帮助企业把成本控制在生产前端，推出用电设备租赁、优化用电方案、清洁电能替代等定制化服务。据了解，通过这些服务，2017 年为企业节省生产成本超过 1500 万元。（新华社记者宋为伟摄）

5.3 | 资本市场：从试验田到建设资本市场强国

我国资本市场作为社会主义市场经济最有活力和效率的一环，既是改革开放的产物，同时也是改革开放事业的重要组成部分。

我国证券市场的发展历史是中国改革开放历史的缩影。证券市场的出现和发展，是中国经济逐渐从计划体制向市场体制转型过程中最为重要的成就之一，而证券市场改革和发展的经验，也是中国经济改革宝贵经验的重要组成部分。

▼ 1986 年 8 月 5 日，我国第一家债券、股票交易市场在沈阳市正式开业，办理债券买卖转让业务。开业第一天，有 400 多人参加交易，成交额达 2.2 万多元。（新华社记者张小龙摄）

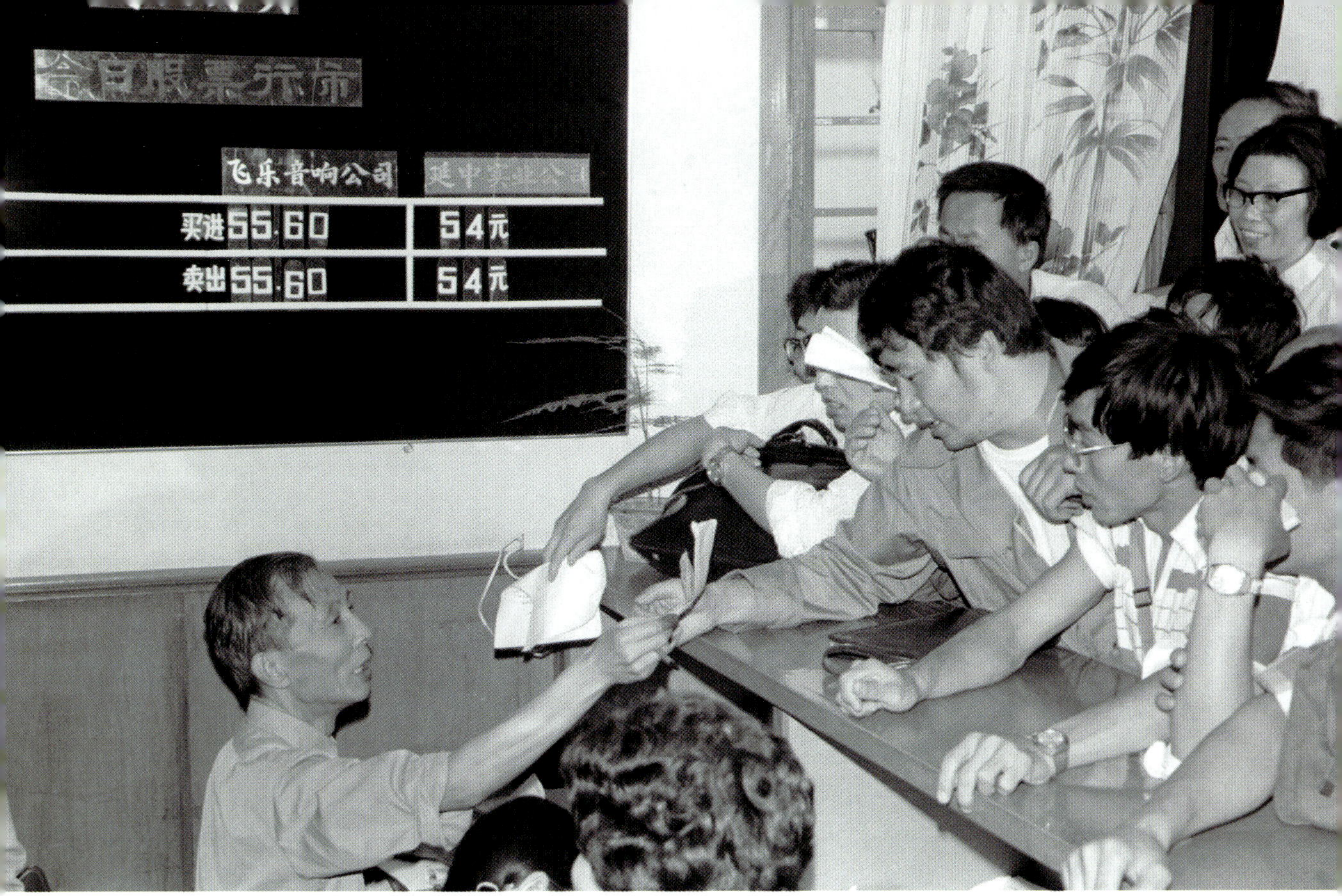

▲ 1986年9月26日，中国工商银行上海信托投资公司静安区分公司正式代理个人股票买卖业务。这使绝迹30多年的股票买卖业务在上海重新出现，从而活跃了上海金融市场。图为市民踊跃购买股票。（新华社记者柳中央摄）

▶ 1986年9月，中国工商银行上海信托投资公司静安分公司开办代理股票买卖业务，开业第一天代理卖出飞乐音响公司和延中实业公司发行的股票1000多股。（资料照片）

▲ 1986 年 12 月，重庆钢铁公司开始在全国发行首批一亿元债券。从 1986 年 12 月 9 日发行之后，群众购买十分踊跃。重钢债券分个人券和集体券两种，年利率分别为 11% 和 8%，具有数额大、条件优惠等特点，这次债券发行是经中国人民银行重庆市分行批准，资金将用于技术改造。（新华社记者刘诗临摄）

▼ 1987 年 8 月 28 日，由日本劝业角丸证券株式会社和浙江省国际信托投资公司联合在杭州开办国际金融讲习会。参加讲习的有中外有关专家和工作人员 40 多人。与会者听取了日本有价证券市场及世界各国的金融业务介绍和论述。（新华社记者蔡志培摄）

▲ 1988 年 2 月，春节前夕，上海真空电子、飞乐音响、爱使电子股份公司在中国工商银行上海信托投资公司静安证券部向全市 3 万多股东发放 1987 年的股息红利。（新华社记者张明摄）

► 1988 年 1 月 12 日，中国国际信托投资公司同日本、英国、美国、联邦德国、法国等 18 家国际银行在伦敦正式签署协议，首次在欧洲发行 150 亿日元的欧洲日元债券。图为中信公司副董事长兼总经理徐昭隆和日本野村证券株式会社常务董事外村仁（右）在签字仪式上。（新华社记者许如元摄）

1990 年“老八股”在上海证券交易所挂牌时，大约没有人憧憬过，这个“试验田”性质的股票市场，会在短短 28 年以后拥有全球第二大规模体量，容纳 3530 余只股票、超过 1.38 亿投资者、近 17 万亿元投资本金。目前，作为现代金融体系不可或缺的组成部分，我国资本市场已是配置资源的重要平台，市场年融资、并购规模居于世界前列，正推动我国经济结构、产业结构朝着更高质量、更有效益的方向发展。

从“坚决地试”到“建设富有国际竞争力的资本市场”，资本市场发展的“中国速度”是在我国改革开放 40 年的历史洪流中实现的。资本市场的发展壮大，又对现代经济发展和社会文明进步起到了不可小视的推动作用。

改革大势，浩浩汤汤。栉风沐雨，砥砺奋进。

28 年间，我国资本市场不断探索、创新，积累经验、改进方法，走出了一条符合国情的特色化发展道路。时移则事异。当前，国家经济进入转变方式、优化结构、转换动力的关键期，资本市场也已具备了向更高水平发展的坚实基础。建设资本市场强国是新时代赋予的新使命，朝着这个方向，资本市场将树立新目标，实现新作为。

▼ 中国第一家证券交易所——上海证券交易所于 1990 年 11 月 26 日宣告成立并于 12 月中旬正式开业。图为上海证券交易所成立大会会场。

▶ 1992年6月，广东深圳康佳电子（集团）股份有限公司的B种股票公开发行，"康佳"企业领导人及B股票承销商到深圳证券交易所祝贺。（新华社记者黄鉴秋摄）

1991年7月3日，广东深圳证券交易所正式开业，标志着深圳市在经济、金融活动中，向国际水准迈出了关键的一步。深圳证券交易所用先进的电脑网络，将深圳市证券登记公司和证券经营机构及其下属分理处联系起来，实现了无纸化过户，买卖委托、成交、行情显示等业务自成一体。至1992年6月，深圳市共有股份有限公司136家，其中上市公司17家，内部公司119家，全市已有证券交易机构16家共21个网点。深圳市先后制定颁布了《深圳市股份有限公司暂行规定》、《深圳市股票发行与交易管理的暂行办法》等多项法规，把股份制改革和股票市场发展引入规范化轨道。

与西方国家资本市场约200年的历程相比，我国资本市场28年的发展史显得"短小精悍"。中国资本市场是改革开放和经济转轨的内在要求催生的，资本市场的发展也始终立足于服务国民经济发展的基础之上。

上交所、深交所于1990年12月开始营业。自此，我国资本市场在一条"摸着石头过河"的道路上启程，先探索试点再规范发展，先重点突破再整体推进。"符合市场规律且尊重国情"，是这场改革探索出的方法论。

20世纪90年代初，杨怀定已是上海滩证券市场叱咤风云的人物。每当他出现在证券市场时，熟悉他的人便会向他靠拢，称呼他为"杨老板"。（资料照片）

◄ 1992 年 4 月，北京市王府井新华书店顾客争相购买有关股票的书籍。《证券交易指南》《炒股导向》等 40 多种有关股票交易的书籍成为书店中的热门货。（新华社记者唐召明摄）

▶ 1993 年 7 月 26 日，上海石油化工股份有限公司（简称上海石化）通过美国美林集团在全球公开发行的股票在美国纽约证券交易所和香港联合交易所挂牌交易，从而成为中国大陆第一个在全球发行的股票。图为上海石化股票在香港正式挂牌上市仪式现场。

▲ 1994 年 3 月 27 日，北京市首次公开发行 4 家股份公司股票。图为在华夏证券有限公司北京营业部，第一位办理了认购业务的股民耿天舒走出股票代销点。（新华社记者李明放摄）

◀ 1993 年 3 月 23 日起，深圳证券交易所 B 种股票由人民币标价改为美元标价。以美元标价挂牌买卖 B 种股票有利于筹集境外资金，拓宽融资渠道。图为 1993 年 3 月，深圳证券交易所内的证券经商代表在现场代理股民买卖股票。（新华社记者刘玉生摄）

2013年1月16日，被称为“新三板”的全国中小企业股份转让系统在北京金融街揭牌，这意味着新三板交易模式正式诞生。全国中小企业股份转让系统是由国务院批准设立的全国证券交易场所，其运营管理机构以有限责任公司形式设立，为非上市股份公司股份的公开转让、融资、并购等相关业务提供服务。

▲ 2010年12月15日，创业板公司新上市公司代表敲响上市钟。在深圳证券交易所三楼大厅，一个铜质的钟格外引人注目，它被称为上市钟。2009年10月30日，首批28家创业板公司在深圳证券交易所上市，28位创业者集体敲响了上市钟。每次创业板上市钟的敲响，都代表着一个创业梦想的破壳而出。从那以后的很多日子里，在这个上市钟下，都有相似场景：敲响上市钟的那一刻，他们有些恍惚，头发已经斑白的老企业家露出了孩子般的笑容。一杯从未如此甘甜的酒里，包含着他们创业路上的风风雨雨。而在这个上市钟下，梦想还在延续，它静静地守望着无数人创业的路途，等待着下一个追梦人的敲击。（新华社记者王浩明摄）

▶ 2014 年 4 月 10 日，香港交易及结算所有限公司（香港交易所）主席周松岗（右二）在新闻发布会上。当日，香港交易及结算所有限公司（香港交易所）主席周松岗表示，香港与上海股票市场交易互联互通机制的建立，标志着中国资本市场对外开放踏出一大步，这也是香港金融发展史上一个重要里程碑。（新华社记者吕小炜摄）

2013 年 1 月 16 日，深圳证券交易所大楼。

经过 28 年发展，包括主板、中小板、创业板、新三板、区域性股权市场、私募市场、债券市场、期货市场在内的多层次资本市场体系架构完成搭建。以公司法、证券法、基金法、期货交易管理条例等为核心，以 500 多部部门规章和规范性文件为主体的、统一的资本市场法律法规体系基本确立。

截至 2018 年 5 月 25 日，沪深两市共有上市公司 3538 家，总市值 55.39 万亿元。新三板市场共有挂牌公司 11325 家，总股本 6562.57 亿股。目前，我国已拥有全球第二大股票市场、第三大债券市场、第二大私募市场，以及位居全球前列的商品期货市场。

资本市场 28 年来的发展实践表明，作为我国市场经济的重要组成部分，它发挥了促进资本形成、发现价格、管理风险、配置资源等重要功能。以股份制、法人治理、信息披露、股权激励等为核心的制度、机制的构建，也对推动资本社会化、激发企业家精神、培育创新动能、强化诚信契约起到了不可替代的作用。

▼ 2014 年 11 月 10 日，股民在江苏南通一个证券营业厅关注股市行情。当日，“沪港通”试点正式获批。（许丛军摄）

▲ 2017 年 7 月 3 日，香港交易所举行“债券通”开通仪式。继“沪港通”和“深港通”后，两地资本市场互联互通再揭新篇章。（王申摄）

改革开放不仅深刻改变了中国，也深刻影响了世界。今天，中国已是世界第二大经济体，经济总量超过 80 万亿元，人均 GDP 超过 5.5 万元，连续多年对世界经济增长的贡献率超过 30%。

历经改革开放 40 年发展，中国正处于新的历史方位，正前所未有地靠近世界舞台中央。

金融是经济的血脉。如果说过去 28 年的发展，让资本市场具备了承担服务实体经济发展、服务国家战略实施重任的能力的话，那么当前经济已由高速增长阶段转向高质量发展阶段，正处于转变发展方式、优化经济结构、转换增长动力的攻关期，迫切需要一个谋求更高层次、更高质量发展的、强大的资本市场。

进入新时代，资本市场也需要寻找新坐标，实现新作为。

纵观世界历史，资本市场的发展壮大成就了一国之兴盛，同时资本市场之兴盛也都有强大的国家经济作为支撑。资本市场强国，是我国资本市场发展的下一站。

资本市场的发展离不开国家改革开放的大时代，也离不开经济转型发展的大时代。到 2020 年，我国将全面建成小康社会；到 21 世纪中叶，将建成社会主义现代化强国。我们有理由相信，届时的中国资本市场，也将成为这个现代化强国的耀眼标志。

第 6 篇

科技创新篇

从“第一生产力”到“第一动力”

6.1 | 科技强国之路：从“第一生产力”到“第一动力”

中国的改革开放事实上是从恢复知识的尊严开始的。1977年10月，已经停止十年的高考制度重新燃起求知的火焰；1978年3月，“全国科学技术大会”迎来了“科技的春天”，正是在这次会议上，邓小平提出“科技是第一生产力”的著名论断。

科技兴则民族兴，科技强则国家强，科技创新是一个国家、一个民族发展的重要力量。改革开放40年，我国全面深化科技改革蹄疾步稳，科技体制改革谱写出“多重奏”“交响乐”，改革释放出的新动能和新活力不断迸发涌流。

近年来，“天眼”探空、神舟飞天、墨子“传信”、高铁奔驰、北斗组网、超算“发威”、大飞机首飞……厚积薄发的中国科技交出了让世界瞩目的答卷。

▲ 1978 年 3 月 18 日，全国科学大会在北京隆重开幕。近 6000 名科技工作者济济一堂，交流经验、检阅成绩、讨论规划，这在新中国成立以来是第一次。（新华社记者李生南摄）

▲ 1982 年，我国自己设计建造的第一座大型高通量原子反应堆建成并成功地举行了高功率运行。这座反应堆的建成，说明我国已具备独立自主地设计、制造和建设核电站的能力，标志我国反应堆工程的科学技术已达到一个新的水平。图为 1981 年 2 月技术人员在做反应堆运行的准备工作。

▼ 上海工业大学精密机械研究室副主任吕学诗与计算机系讲师应振树合作，运用“软仿生技术（SBT）”，于 1981 年 2 月研制成功“软仿生人工脑”（也称 KJZY 软仿生人工脑）。这个人工脑具有模拟人脑的能力，能够控制机器人的上肢运动。图为 1981 年 5 月，科研人员正在介绍“软仿生人工脑”的工作原理。（新华社记者王子瑾摄）

▲ 1984 年 6 月，上海交通大学机器人研究室教师正在用一台微电脑控制的教学型机器人向研究生示教。（新华社记者张平摄）

◀ 1985 年 1 月 16 日，中国南极长城站的两台发电机开始发电，为加快长城站的建设、开展科学考察和生活照明提供了动力。图为技术人员在对发电机进行检查。

▲ 2013年8月，徐铭恩教授团队发布了细胞组织3D打印机“Regenovo”，已成功打印出人类肝脏单元、血管，打印出的细胞存活率达90%，最长存活时间4个月，在生物材料兼容性、细胞打印特性等参数上在同类产品中处于国际领先水平。图为2014年8月12日，徐铭恩展示3D打印机打出的耳朵软骨组织。（新华社记者韩传号摄）

◀ 被称为中国“试管动物研究之父”的动物胚胎学家范必勤抱着出生三四个月的转基因“超级家兔”。1986年，范必勤与美国科学家合作获得中国首例试管动物——5只“试管兔”。（新华社记者孙参摄）

▼ 1985年4月1日，《中华人民共和国专利法》开始实施。当天上午8时，在北京当时的中国专利局受理处门前，已有数百人等候申请专利。我国的专利制度在改革开放的进程中诞生和发展，在鼓励和保护技术创新，提高我国创新能力，增强国际竞争力，促进科学进步和经济社会发展中发挥了重要作用。

▲ 2017 年 8 月 17 日，王文超、张欣、张钠、王俊峰、刘青松、刘静、林文楚、任涛（从左至右）在中科院合肥物质科学研究院强磁场科学中心。哈佛“八博士”共聚合肥科学岛建起世界上最先进的强磁场实验装置的故事，是近年来“归国圈里”的美谈。（新华社记者郭晨摄）

科学技术是人类的伟大创造性活动，一切科技创新活动都是人做出来的。

“功以才成，业由才广。”培育科技人才，是培育中国创新的“力量源泉”。

中国拥有 8100 万科技工作者、1.7 亿多受过高等教育或拥有专业技能的人才。“十二五”期间，科技人才队伍迅速壮大，R&D 人员总量 535 万，回国人才超过 110 万，是前 30 年回国人数的 3 倍。

科技兴则民族兴，科技强则国家强。今天，我们比历史上任何时期都更接近实现中华民族伟大复兴的目标，比历史上任何时期都更有信心、更有能力实现这个目标。

当前，我国科技进步对经济增长的贡献率不断提升，经济社会发展新动力不断涌现。经济保持中高速增长，高于同期世界平均增长水平，中国仍是世界经济增长的动力之源、稳定之锚。

▶ 2018 年 4 月 17 日，宁夏吴忠市利通区金积镇塔湾村村民在田间利用北斗导航播种蔬菜。（新华社记者王鹏摄）

“发展是第一要务，人才是第一资源，创新是第一动力。”新时代，乘着改革与创新的浩荡东风，汇聚各方力量，我们一定能跑出中国创新的“加速度”，奋力拼搏、自强不息，推动我国日新月异向前发展，实现民族复兴的“中国梦”。

2017 年 12 月 9 日，船载“雪鹰 12”Ka-32 直升机将物资吊运至恩克斯堡岛中国南极考察站新建站区。（新华社记者白国龙摄）

6.2 | 制造强国之路：从“中国制造”到“中国创造”

改革开放以来，我国制造业尤其是先进制造业取得了瞩目成就。得益于完备的产业体系、坚实的制造基础和吸收新技术的巨大国内市场，我国先进制造创新从跟跑为主，进入跟跑在加快、并跑在增多、领跑在涌现的新阶段。

▼ 2016年1月28日，辽宁沈阳北方重工集团工人在拆解出口到巴西圣保罗的盾构机。近年来，北方重工集团有限公司抓住“一带一路”沿线国家资源开发及基础设施建设的市场机遇，加快推进大型装备出口，为“一带一路”沿线国家经济建设提供了“中国制造”解决方案。（新华社记者杨青摄）

◄ 1979年10月，我国第一艘每小时挖掘150土方的全液压链斗式挖泥船在江西省东风造船厂制造成功。经过试验测定，它具有体积小、效率高、噪音小、操作方便等优点。图为挖泥船在进行挖泥操作。（新华社记者王绍业摄）

► 1980年3月，我国第一套特大型的部分式双列球面滚子轴承，在辽宁省瓦房店轴承厂制造成功。由这个厂自行设计和制造的这种轴承，用在150吨氧气顶吹转炉耳轴上，更换简便，调整方便，可缩短维修周期。它的制造成功，填补了我国轴承工业的一项空白。

◄ 1980年，我国自己制造的第一艘水质监测船——“长清”号在长江进行水质监测。这艘船长50米，宽8.6米，排水量为500吨，有40名工作人员。船上设有自动化、化学、水生生物、色谱分析、微生物、原子吸收分光光度、放射性、水文气象等9个监测实验室，监测项目有40多个，所有设备都是国产的。（新华社记者张申明摄）

▲ 1983 年 12 月 17 日，我国自行设计制造的第一条黑白显像管生产线在四川红光电子管厂正式投入生产。这条生产线，可年产 50 万只 14 英寸、17 英寸的黑白显像管。它的建成标志着我国显像管行业和无线电专用设备工业有能力自己装备自己。（新华社记者熊汝清摄）

▲ 1993 年 4 月，中国第一个 CIMS 实验研究工作在清华大学建成，并通过了国家级验收。CIMS——计算机集成制造系统，是世界工厂自动化的发展方向。中国的 CIMS 工程自 1988 年 9 月实施。原来用人工操作的数控机床，经计算机集成后，实现了自动换刀具，装卸工件，并可根据要求，钻、镗、铣、切、削各种复杂零件。（新华社记者王呈选摄）

▼ 1991 年 3 月，辽宁沈阳机器人工程研究开发中心正式通过国家验收并交付使用。这项示范工程是我国第一座机器人研究开发基地，被称为“中国机器人的摇篮”。图为中心实验楼，这是一座拥有巨大透明天井的方型建筑，左侧是水下机器人试验室，大门口竟是一座有眼睛和手脚的“机器人”。（新华社记者鞠鹏摄）

▶ 2017年7月27日，在位于上海长兴岛的振华重工长兴基地，振华重工制造的岸桥排列在生产码头上。成立于1992年的上海振华重工（集团）股份有限公司是世界最大的港口机械制造商。截至2017年7月，振华重工的产品已进入全球98个国家和地区，其中岸边集装箱起重机（岸桥）产品占全球市场份额超过80%，连续19年保持全球市场占有率第一。（新华社记者申宏摄）

2018 年，美国商业专利数据库（IFI Claims）发布的最新报告显示，不到 10 年时间里，中国企业在美国获得专利数量已增至此前近 10 倍；特别是 2017 年较 2016 年增长 28%，中国首次成为前五大美国专利获得国。

从“贴牌”到“品牌”，从“制造”到“创造”，从“跟跑”到部分领域实现“并跑”“领跑”，中国在科技创新发展某些方面与欧美间的差距正逐渐缩小，但仍然面临诸多挑战和考验。

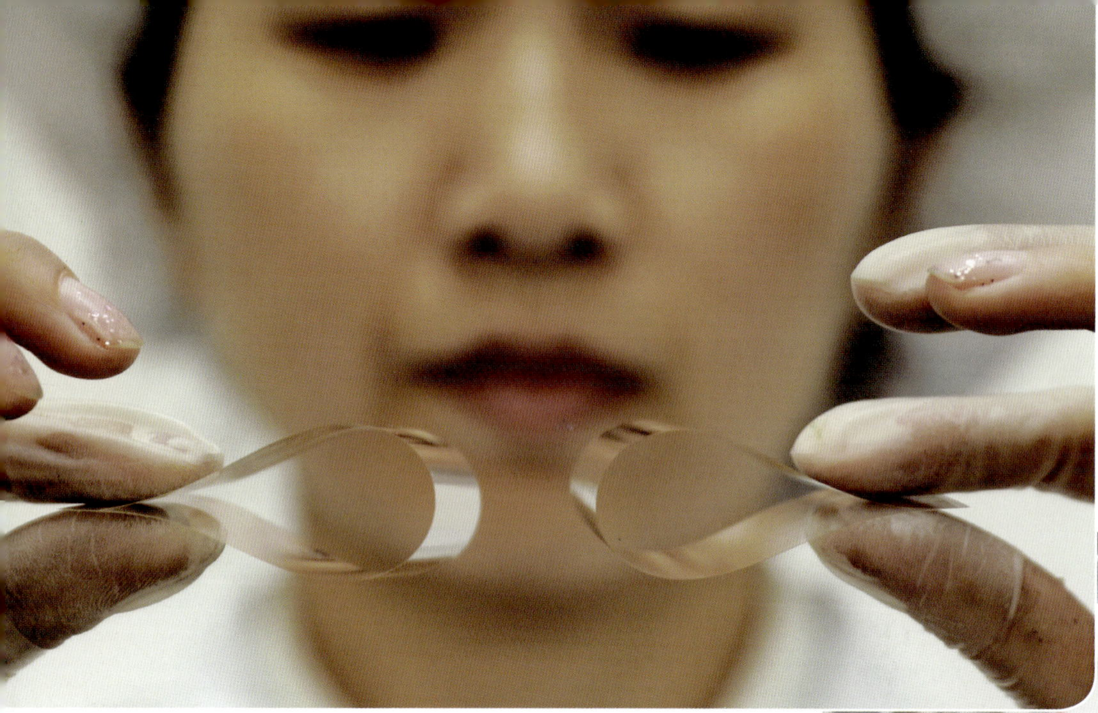

▲ 2017 年 4 月 20 日，秦皇岛星箭特种玻璃有限公司的工人在检查高强度柔性抗辐照玻璃盖片的质量。从 2000 年 10 月，秦皇岛星箭特种玻璃有限公司开始与中国航天科技集团合作，产品先后用于神舟五号至神舟十号，双星探测、嫦娥一号、二号、三号和天宫一号、二号等多颗卫星与航天器上。（新华社记者杨世尧摄）

► 2017 年 6 月 6 日，沈阳新松机器人公司生产的工业机器人。（新华社记者杨青摄）

▶ 2017年8月16日，工人在铁建重工长沙第一园区凿岩台车制造车间作业。铁建重工近年来自主研制开发了全球首台永磁电机驱动盾构机、全球首台护盾式掘锚机、国产首台高铁大直径泥水平衡盾构机、国产首台全智能三臂凿岩台车等全球和国内首台（套）产品。（新华社记者申宏摄）

中交天津航道局
中国交建

▲ 2017 年 11 月 9 日，“华龙一号”全球首堆示范工程——福清核电 5 号机组首台 ZH-65 型蒸汽发生器吊装施工现场吊装前准备。（新华社记者宋为伟摄）

◀ 2017 年 12 月 3 日，由上海振华重工启东海洋工程股份有限公司生产的国内首艘采用全电力驱动的自航绞吸挖泥船“天鲲号”停靠在启东港。近年来，江苏省启东市全力打造沿海新兴产业高地，推动和促进港口物流、装备制造、风电能源等一批新兴产业在沿海一线成功布局，实现从传统产业向新兴产业的转型升级。（李存根摄）

扩大开放，更将拓展中国制造与全球互利共赢的大平台。土耳其安伊高铁、印尼雅万高铁……短短数年，中国高铁合作遍地开花，领先的技术、过硬的品质、优质的服务惠及更多国家。从基本建设到成套装备，从高精尖技术到制造服务，在迈向高质量发展道路中，中国制造带来的发展红利日益为全球共享。

大幅度放宽市场准入、创造更有吸引力的投资环境、加强知识产权保护……随着一系列开放创新举措的推出，中国制造必将加快迈向中高端，全球竞争力亦将大幅提升。

▼ 2018 年 4 月 21 日，北京现代沧州工厂总装车间生产线。（新华社记者牟宇摄）

▲ 2018 年 5 月 15 日，美国马萨诸塞州梅德福德惠灵顿站，中车长客为波士顿橙线地铁“量身订制”的首批车辆。这批地铁列车整车具有完全自主知识产权，是中国首批依照美国标准生产的地铁车辆。（新华社记者李木子摄）

6.3 | 航天科技：走向世界航天强国

探索浩瀚宇宙，发展航天事业，建设航天强国，是中国人民不懈追求的航天梦。从嫦娥奔月的神话传说到莫高窟的飞天壁画，飞天梦与中华民族的历史一样久远。然而，直到中华人民共和国成立，最早仰望星空的民族才真正迈出探索太空的步伐。

1970年4月24日，中国首颗人造地球卫星东方红一号发射成功，开启了中国人独立探索宇宙奥秘、和平利用太空的征程。伴随着改革开放，中国航天事业成就举世瞩目，已占据世界航天领域一席之地。

党的十九大报告进一步明确提出建设航天强国的战略目标，让航天人探索宇宙、逐梦太空的步履更加坚定有力。

1984年4月8日晚，中国自行研制的试验通信卫星发射成功。图为运载火箭点火起飞，把通信卫星送到预定轨道。（新华社记者杨武敏摄）

1984年4月8日傍晚，四川省西昌市西北60公里外的卫星发射场人头攒动，人们等待着一个重要时刻的到来。当长征三号火箭托举着东方红二号通信卫星喷着橘红色火柱升空而去，现场顿时变成欢呼的海洋。

这是我国成功发射的第一颗地球同步轨道卫星，中国迈出进军高轨的第一步。太空探索，是一项高投入的事业。改革开放，为航天事业发展提供了强大的物质基础，注入强大的加速推力。伴随改革开放成长起来的西昌卫星发射中心实现了从小到大、从弱到强的跨越，不断刷新进军太空的中国高度。

——1986年2月1日，成功发射我国第一颗实用通信卫星，结束了我国租用外国卫星转播电视信号的历史；

——2000年至今，35颗北斗导航卫星相继入轨，我国成为世界上第3个拥有自主卫星导航系统的国家；

——2007年10月24日，嫦娥一号升空，铸就深空探测的一座新里程碑……

▲ 1984年6月，我国航天测控中心无线收信台报务人员与各测控船站进行通信联络。（新华社记者段文华摄）

▲ 2012年6月18日，北京航天飞控中心大屏幕显示的神九飞船与天宫一号交会对接的画面。（新华社记者查春明摄）

◀ 发射架上的长征三号运载火箭。这是我国自力更生发展航天技术取得的重大成果，至1988年9月，我国已将22颗各种类型的人造卫星送入太空。（新华社记者吴森辉摄）

▶ 2003 年 10 月 15 日，执行中国首次载人航天飞行任务的航天员杨利伟出发登舱前挥手致意。

2013 年 6 月 26 日，神舟十号载人飞船返回舱在内蒙古主着陆场成功着陆，这是圆满完成任务的三位航天员张晓光、聂海胜、王亚平（从左至右）自主出舱后挥手致意。（新华社记者王建民摄）

2016年9月25日，被誉为“天眼”的国家重大科技基础设施500米口径球面射电望远镜（FAST）在贵州平塘落成启用。这是FAST工程全景。（新华社记者刘续摄）

航天技术应用正日益成为人们生活的“心头爱”。无论是飞机高铁的无线上网，还是偏僻山村的远程通信；无论是远洋航行的导航定位，还是农林水文的监测分析，都离不开卫星技术的支持。

2017 年，中国首颗高通量通信卫星实践十三号成功发射，通信容量超过中国已研制发射的通信卫星容量总和，将促进自主宽带卫星通信在高铁、船舶、飞机等移动载体及企业联网、应急通信等领域的应用。

目前，中国在轨卫星超过 200 颗，空间信息正加快与大数据、云计算、物联网等高技术融合，卫星应用及战略性新兴产业规模年均增长率超过 20%，已成为服务经济社会发展的重要手段。

截至 2017 年底，高分专项部署了 20 余个行业应用示范系统建设，设立了 30 个省级数据与应用中心。中国民用遥感卫星数据分发量累计超过 1000 万景，“北斗”车载终端持有量超过 400 万套。

中国民用空间基础设施规划稳步推进，至2018年已完成23颗卫星立项实施，将为国土资源调查、环境保护、气象预报、防灾减灾、海洋监测和交通运输等领域提供高精度、定量化、长期稳定服务。

2018 年 3 月 30 日，我国在西昌卫星发射中心用长征三号乙运载火箭（及远征一号上面级），以“一箭双星”方式成功发射第三十、三十一颗北斗导航卫星。（梁珂岩摄）

按照中国载人航天工程“三步走”战略，2020 年左右中国将建成长期有人照料的空间站，实现月球采样返回和火星着陆探测，完成全球卫星导航系统和高分辨率对地观测系统建设，全面推进重型运载火箭研制，建成以通信、导航和遥感卫星系统为主的民用空间基础设施，使我国具备全面的宇宙空间探索和应用能力。力争到 2020 年，我国在轨航天器数量超过 200 颗，年发射数量达到 30 次左右，基本达到世界航天强国水平；到 2030 年，推动我国达到国际一流水平的航天技术指标从 30% 提高到 60%，跻身世界航天强国行列；到 2045 年，全面建成世界航天强国。

▲ 2018 年 4 月 23 日，在河北秦皇岛军界 · 秦皇岛军事科学教育 VR 基地，秦皇岛无线电管理局工作人员为海港区新一路小学学生讲解无线电在航天领域的应用。（曹建雄摄）

▶ 2018年4月24日，在山东省淄博市临淄区青少年科技馆，学生体验“航天服”。当日是第三个“中国航天日”，各地开展形式多样的活动，让学生们学习航天知识探求宇宙奥秘，领略我国航天事业的发展成就。（崔立来摄）

党的十九大报告明确提出建设航天强国的战略目标。中国航天创建60余年来，取得了以“两弹一星”、载人航天、月球探测为代表的一系列辉煌成就。随着对关键技术的持续攻关，中国在未来对浩瀚星辰的征途中，将不断标注中国发展的新高度，逐步具备全面的宇宙空间探索和应用能力，最终实现全面建成世界航天强国的目标。

2018年5月21日5时28分，我国在西昌卫星发射中心用长征四号丙运载火箭，成功将探月工程嫦娥四号任务“鹊桥”号中继星发射升空。这是世界首颗运行于地月拉格朗日L2点（简称地月L2点）的通信卫星，将为2018年底择机实施的嫦娥四号月球背面软着陆探测任务提供地月间的中继通信。（新华社记者才扬摄）

▲ 1985 年 2 月 20 日，中国南极长城站举行落成典礼。中国第一个南极科学考察实验基地中国南极长城站建成，标志着我国极地考察事业已发展到新阶段。同年 3 月 20 日，中国南极长城气象站被世界气象组织纳入全球气象台网站，并被正式授予国际台代号。

环行南极大陆、穿越北极三大航道，成功救援俄罗斯被困客船……自 1994 年 10 月首航南极以来，“雪龙”船已先后 20 次赴南极、8 次赴北极执行补给运输与科学考察任务，足迹遍布五大洋，创下了中国航海史上多项纪录，为推动我国极地事业进步发挥了不可估量的重要作用。

2018 年 3 月 28 日，中国建造的第一艘极地科学考察破冰船在船厂入坞，进行船体组装。相比“雪龙”船，新建破冰船的破冰能力和科考能力将显著增强，特别是将极大提升在水体和海底的探测能力，成为我国认识极地、利用极地和保护极地的重要支撑。

▼ 我国第一艘自主建造的极地科考破冰船的效果图。（资料图片）

2016 年 12 月 20 日，我国自主建造的第一艘极地科学考察破冰船在上海开工建造。根据建造计划，新船预计 2019 年建成，届时将与“雪龙”号破冰船一道，双船组队、助力科考。新船建造工程由国家海洋局所属中国极地研究中心组织开展，江南造船（集团）有限责任公司承担建造。所建新船长 122.5 米、宽 22.3 米，设计吃水 7.85 米、吃水排水量约 13990 吨，航速 12—15 节，续航力 2 万海里，自持力 60 天，载员 90 人，能以 2—3 节的航速连续破 1.5 米厚度的冰加 0.2 米的雪。

近年来，中国深海科技发展迅速，各类深海潜水器竞相取得技术突破。至 2018 年，我国已形成 1000 米、4500 米、7000 米到万米级全海深潜水器能力，作业功能覆盖海洋科研、大洋矿产资源开发、搜救打捞、旅游观光等。

在各类潜水器中，“蛟龙”号载人潜水器可谓大名鼎鼎，其作业能力可覆盖 7000 米深以及全球海洋面积 99.8% 的海域。

2017 年 6 月 13 日，“蛟龙”号载人潜水器进入水中，进行中国大洋 38 航次最后一潜。（新华社记者刘诗平摄）

▲ 2017 年 5 月 23 日，“蛟龙”号在马里亚纳海沟带回的生物样品海星。当日，“蛟龙”号载人潜水器在世界最深处的马里亚纳海沟“挑战者深渊”北坡进行中国大洋 38 航次第三航段第一潜。本航段是“蛟龙”号自 2013 年进入试验性应用阶段以来的最后一个航段，调查海域位于马里亚纳海沟和雅浦海沟深渊区。（郭松峤摄）

▲ 2017 年 6 月 13 日，“蛟龙”号完成下潜后回到“向阳红 09”船甲板。（新华社记者刘诗平摄）

2017年7月9日，南海天然气水合物试采工程现场。（朱夏摄）

走向海洋，拥抱深蓝。海洋的地位和作用从来没有像今天这样，与国家发展和人民生活如此密切相关。十八大以来，我国海洋事业的创新发展让蓝色的“中国梦”越来越近，而海洋也将为点亮世界的中国“火炬”提供源源不竭的澎湃动力。

2018年6月，在出席上海合作组织青岛峰会后，习近平开始在山东考察。12日上午，习近平首先来到青岛海洋科学与技术试点国家实验室，了解实验室研究重大前沿科学问题、系统布局和自主研发海洋高端装备、推进海洋军民融合等情况。离开实验室时，科研人员纷纷围聚过来，向总书记问好。

习近平说，建设海洋强国，我一直有这样一个信念。发展海洋经济、海洋科研是推动我们强国战略很重要的一个方面，一定要抓好。关键的技术要靠我们自主来研发，海洋经济的发展前途无量。他勉励大家，再接再厉，创造辉煌，为祖国为民族立新功。

▼ 2014年4月4日，青岛西海岸新区远眺图。2014年6月，国务院批复同意山东省政府有关设立青岛西海岸新区的请示，要求把青岛西海岸新区发展成为海洋科技自主创新领航区、深远海开发战略保障基地、军民融合创新示范区、海洋经济国际合作先导区、陆海统筹发展试验区，为探索全国海洋经济科学发展新路径发挥示范作用。国务院在批复中指出，设立并建设好青岛西海岸新区，对于全面实施海洋战略、创新军民融合机制、深化海洋管理体制改革、推进深远海开发与陆海统筹发展和建设海洋强国具有重要意义。根据批复，青岛西海岸新区位于胶州湾西岸，包括青岛市黄岛区全部行政区域，其中陆域面积约2096平方公里、海域面积约5000平方公里。青岛西海岸新区区位条件、科技人才、海洋资源、产业基础、政策环境等综合优势明显，具备推进陆海统筹、城乡一体、军民融合发展的独特条件。（刘积舜摄）

▲ 1985 年 11 月 1 日，北京市电信管理局无线寻呼通信系统正式开通使用。图为服务台话务员正在为用户服务。（资料照片）

▼ 1988 年 9 月，耸立在北京火车站广场东侧的新华社快讯大屏幕。其显示面积为 41.6 平方米，每天播放新闻 12 小时。新华通讯社在北京火车站设置的我国第一套大屏幕高亮度新闻快讯发布系统，于 1988 年 9 月 12 日正式使用。大屏幕显示屏由 16640 只绿色象元管组成点阵，可显示文字和图像，层次丰富，有伴音，并能播放录像及转播电视节目。（新华社记者戴纪明摄）

▲ 1991 年 7 月 25 日，北京市市内电话局开始向居民公开放号，以增加人们关心的安装电话问题的透明度。这次放号涉及市内 11 个电话行政分局、44 个局号的 20000 余户居民。图为市内电话局东单营业厅的工作人员冒着酷暑紧张地进行放号工作。（新华社记者刘卫兵摄）

► 1992 年 8 月 22 日，北京举行“京城首次便捷电话、BP 机号码拍卖会”，认购者竞争激烈，“大哥大”电话尤为抢手。（新华社记者宋连峰摄）

▲ 至1992年11月21日凌晨，上海进行电话扩容割接，成为我国第一个电话容量突破100万门的城市。1882年，上海开始有第一部电话，到1982年，经过100年时间，才发展到15万门，而改革开放10年间，即迅速从15万门增加到了100万门。图为上海市内电话局工作人员对单路载波设备进行最后检查。（新华社记者徐义根摄）

▲ 1993年12月15日，中国的第一条海底光缆——从上海南汇至日本九州宫崎、全长1252公里的中日海底光缆正式开通。这条海底光缆系统通信总容量达7560条通话电路，相当于建于1976年的中日海底同轴电缆的15倍以上。中日海底光缆的开通，使中国国际通信能力增长80%以上。

◀ 1994年8月30日，我国第一套“中国通用电话磁卡”在全国正式发行。通用卡克服了以前“地方卡”只限在本省、市使用的缺憾，实现了“一卡在手，走遍全国”的愿望。图为北京电报大楼在发售通用电话磁卡。（新华社记者白连锁摄）

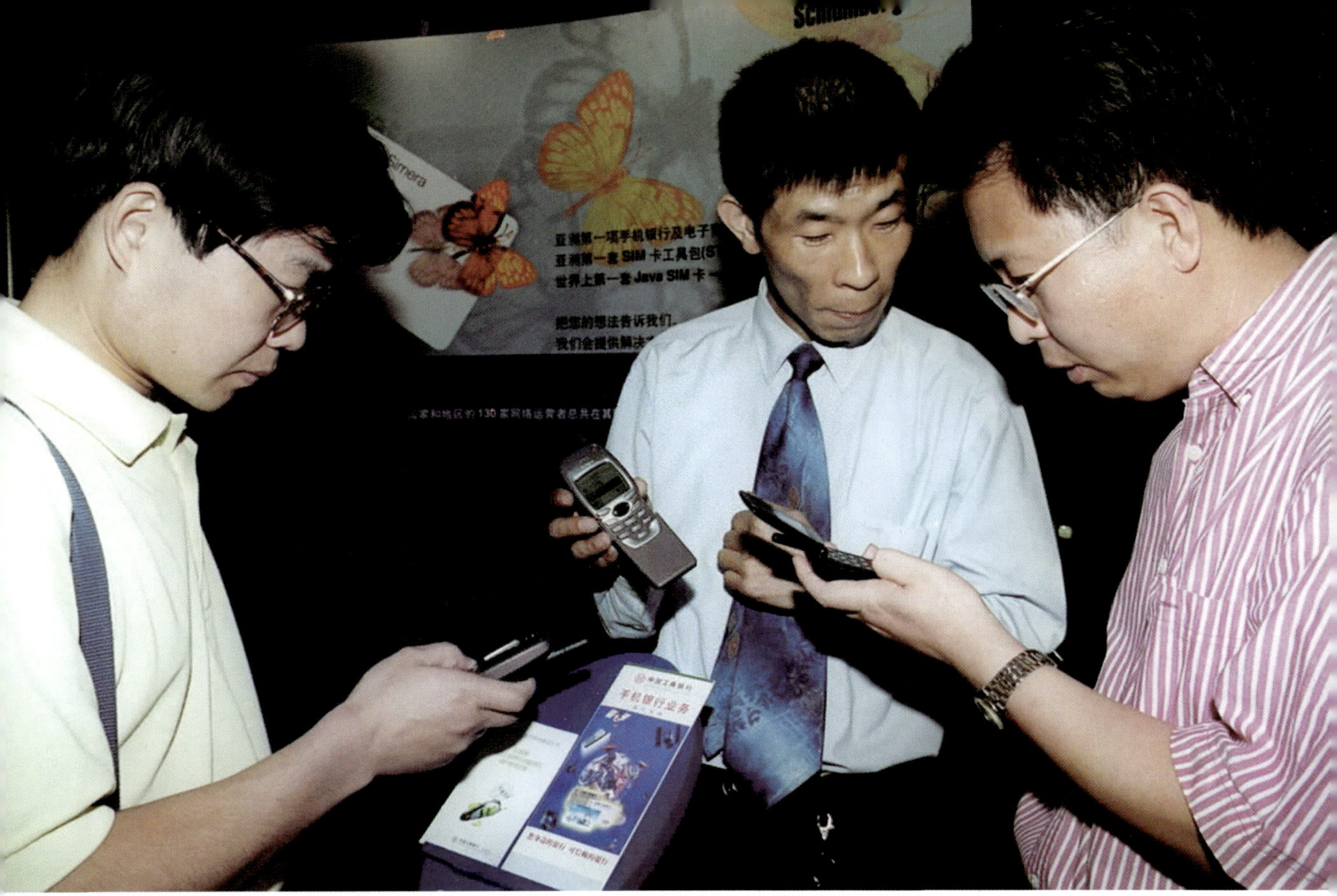

▲ 2000 年 5 月 25 日，以法国斯伦贝谢公司提供的 SIM 卡为基础，中国移动通信集团公司与中国银行、中国工商银行和中国招商银行在 17 个省份共同推出手机银行业务，用户可以通过手机远程接入银行，进行余额查询、转账，支付电话费等业务操作。图为北京工商银行的工作人员（中）在推广会上介绍手机银行业务的操作。（新华社记者袁满摄）

▼ 2016 年 6 月 20 日，安装在国家超级计算无锡中心的“神威 · 太湖之光”超级计算机。（新华社记者李响摄）

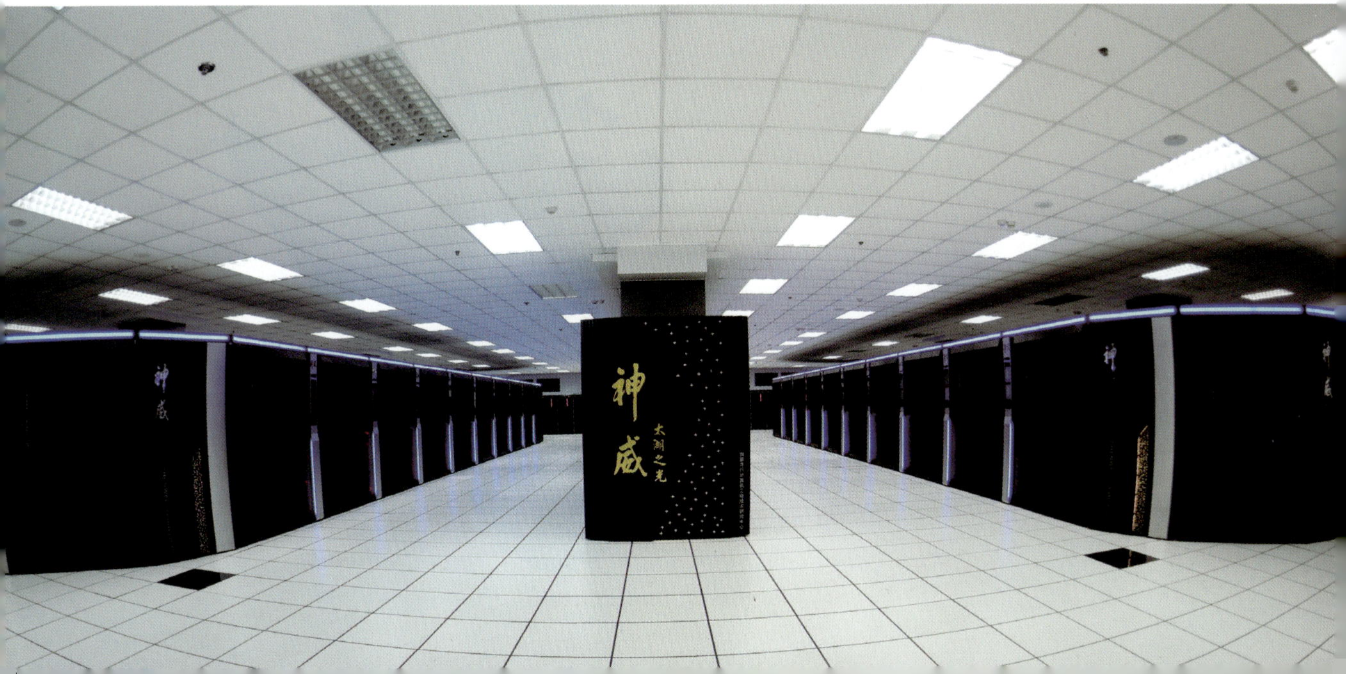

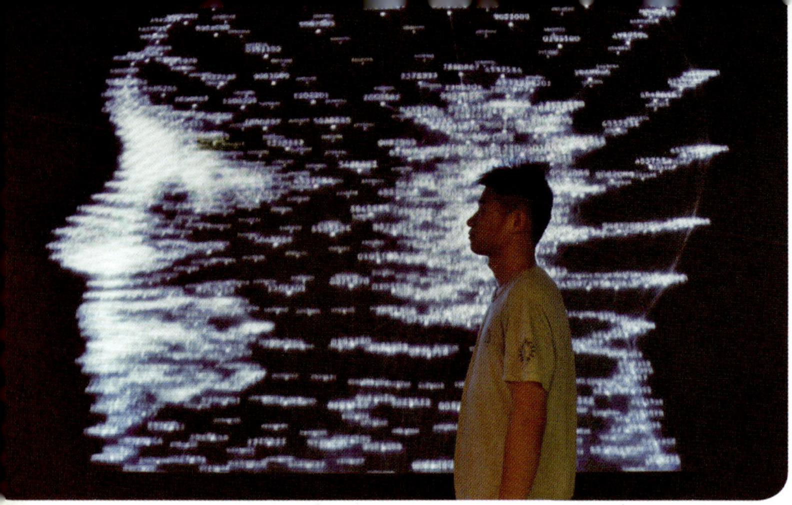

▲ 2018年5月22日，参观者在贵安新区花溪大学城贵州数字经济展示中心内参观。（新华社记者欧东衢摄）

▼ 2017年7月27日，位于呼和浩特市和林格尔县境内的中国电信云计算内蒙古信息园。中国电信云计算内蒙古信息园具有120万台服务器以上的云计算服务能力，百度、阿里、腾讯、搜狗等众多企业入驻。自2011年全面启动云计算产业发展战略以来，内蒙古依托自身冷凉气候和丰富的电力资源，推动产业迅猛发展，大型云计算数据中心服务器装机能力已达90万台，全区光缆总长度42万公里，互联网宽带接入端口890万个，北方大数据中心建设初显规模。目前内蒙古已初步形成以呼和浩特为中心，包头、鄂尔多斯、赤峰、乌兰察布为重点的数据中心基地发展格局，建成中国电信、中国移动、中国联通、中科曙光、中兴能源、华为等一批大型数据中心和灾备中心。（新华社记者连振摄）

▲ 2016年6月16日，“神威·太湖之光”超级计算机的交换机网线。“神威·太湖之光”采用大规模高流量复合网络体系结构，实现全系统高带宽、低延迟通信。2016年6月20日，新一期全球超级计算机500强榜单公布，使用中国自主芯片制造的“神威·太湖之光”取代“天河二号”登上榜首，中国超算上榜总数量也首次超过美国名列第一。据国际TOP500组织当天发布的榜单，“神威·太湖之光”的浮点运算速度为每秒9.3亿亿次，不仅速度比第二名“天河二号”快出近两倍，其效率也提高3倍。更重要的是，与“天河二号”使用英特尔芯片不一样，“神威·太湖之光”使用的是中国自主知识产权的芯片。“神威·太湖之光”由国家并行计算机工程技术研究中心研制，安装在国家超级计算无锡中心。此前，由中国国防科技大学研制的“天河二号”超级计算机已在TOP500榜单上连续六度称雄。（新华社记者李响摄）

◀ 2003 年 1 月 31 日大年除夕，家住侨乡福州市湖前小区的张宇（左）夫妇在家中通过现代通信工具——网络“可视聊天”，与远在美国田纳西州的亲人共叙亲情，并相互致以新春的祝福。（新华社记者张国俊摄）

▶ 2003 年春节，一位北京女孩在收到朋友的短信拜年后喜出望外。用“电子贺卡”和“短信”等拜年，成为新的时尚。（史春阳摄）

▲ 2018 年 6 月 27 日，江苏镇江金山街道润州山路社区居民和青年学生共同展示旧通信工具。当日，江苏省镇江市金山街道润州山路社区开展“改革开放 40 年老物件看新变化”主题活动。活动邀请江苏科技大学青年学生走进社区，和居民一起参观粮票、缝纫机、寻呼机、翻盖手机等老物件，一起感受百姓生活的变化。（文雯摄）

◀ 2017 年 5 月 10 日，内蒙古自治区四子王旗的牧民都贵玛和子女通过微信群时常互相联系。（新华社记者邓华摄）

▶ 2017 年 12 月 27 日，观众在河北省邯郸市峰峰矿区磁州窑艺术馆用手机扫描磁州窑陶瓷盘上的二维码。工匠使用传统黑釉刻划技法，将磁州窑艺术馆的微信二维码刻在盘上，观众可通过手机扫描了解磁州窑相关信息。二维码，扫码，“滴”声之后，现实与虚拟被连接，这种黑白方格组成的“时代符号”带来了便利、快捷和惊喜。二维码是一种用几何图形记录数据信息的技术，可通过光电扫描迅速识别以实现信息自动处理。二维码无处不在，随手扫码已经成为人们的生活习惯。（新华社发 / 胡高雷摄）

▲ 2017年10月24日，在安徽合肥科大讯飞（首届）全球1024开发者节展示区内，参观者和智能语音机器人进行互动体验。（新华社记者郭晨摄）

► 2017年12月5日，在上海申通地铁集团有限公司，工作人员在现场体验刷脸进站技术。如今，大到政务工作、小到居家出行，以大数据、云计算、人工智能为代表的数字技术正日益渗透其中，数字经济将曾经人们想象中的智能新生活变为现实。（新华社记者丁汀摄）

▲ 2018年4月21日，一名参展商在展示一款柔性显示智能可穿戴手机。当日，首届数字中国建设成果展览会在福州海峡国际会展中心开幕，293个参展单位携最新数字经济成果亮相。（新华社记者魏培全摄）

► 2018年6月3日，游客用手机拍摄青岛浮山湾夜景。（新华社记者普布扎西摄）

和谐号

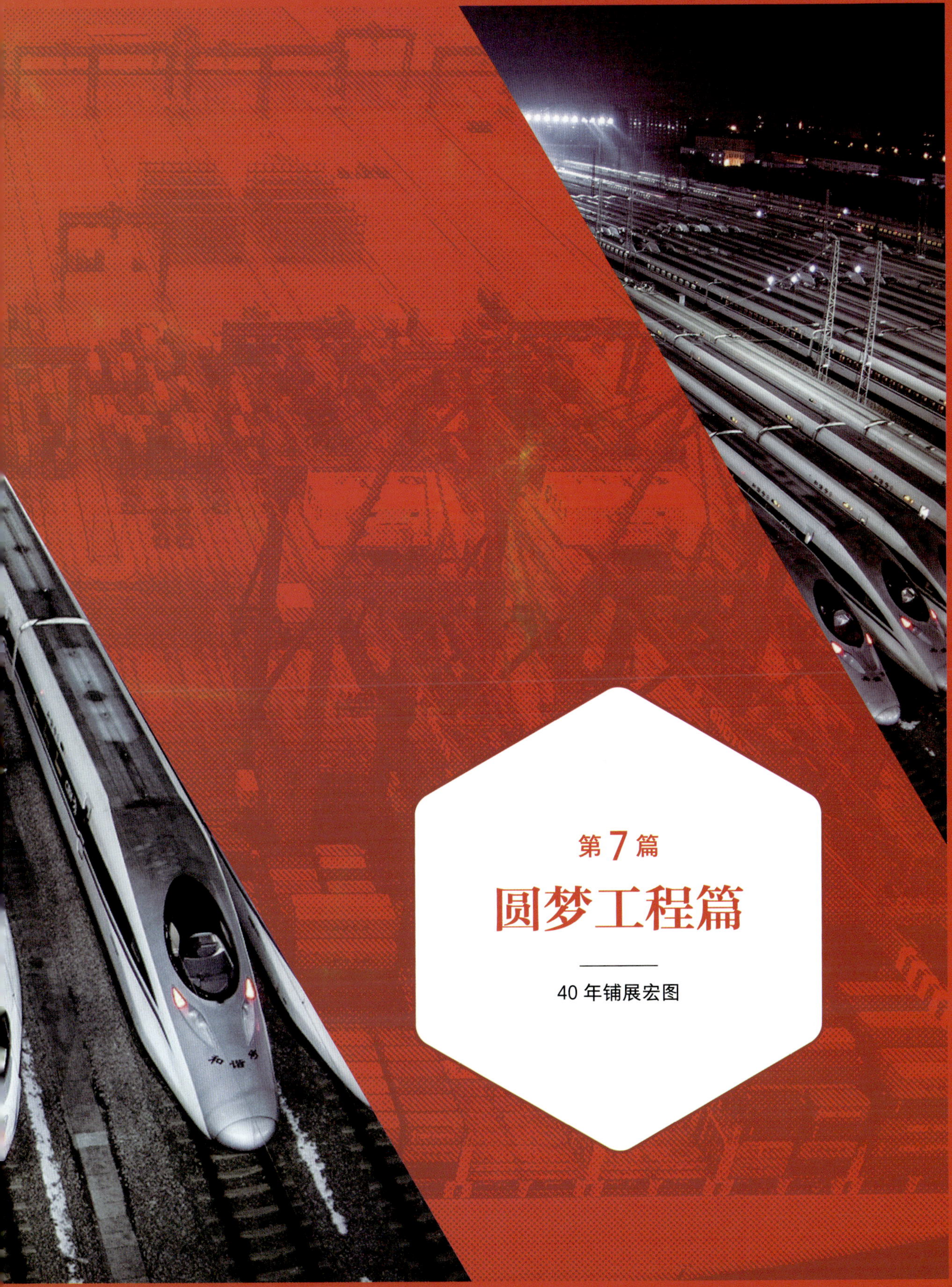

第 7 篇

圆梦工程篇

40 年铺展宏图

7.1 | 公路：40 年筑路奇迹

改革开放初期，我国每百平方公里的公路密度只有 9.1 公里。至 2016 年，这一数字扩大到 5 倍多，达到每百平方公里 48.92 公里。

我国高速公路直到 20 世纪 80 年代才开始建设。1988 年，沪（上海）嘉（嘉定）高速公路通车，标志着我国高速公路零的突破。1999 年，我国高速公路里程突破 1 万公里，2017 年达到 13.6 万公里，高速公路已覆盖全国 97% 的 20 万以上人口城市及地级行政中心。

1984 年，广东省交通部门采取以路养路和利用外资的办法，改造广（州）深（圳）公路，将这条长 140 公里的公路由沙土路面改造成沥青路面，并达到了国家规定的一、二级公路标准。（新华社记者黄鉴秋摄）

2017 年 12 月 21 日，兰州至海口高速公路广西南宁的安吉互通。近年来，广西壮族自治区不断加快交通路网建设。根据《广西综合交通运输发展"十三五"规划》，"十三五"期间，广西将构建"六横七纵八支线"高速公路网络，全区高速公路里程将达到 7000 公里左右，为全面建成小康社会助力。（新华社记者陆波岸摄）

建设总规模约 3.5 万公里的"五纵七横"国道主干线于 2007 年年底贯通。

"五纵七横"国道主干线的规划始于 20 世纪 80 年代，随着改革开放的推进和经济社会的发展，社会对交通的需求迅速增加，大多数干线公路、城市出入口和沿海发达地区堵车、压港现象严重。交通部于 20 世纪 80 年代末提出了"五纵七横"12 条路线（含支线）的规划布局方案，1992 年得到国务院认可，并于 1993 年正式部署实施。

《"五纵七横"国道主干线系统规划》由 5 条纵线和 7 条横线组成：

5 条纵线是：同江—三亚，北京—福州，北京—珠海，二连浩特—河口，重庆—湛江。

7 条横线是：绥芬河—满洲里，丹东—拉萨，青岛—银川，连云港—霍尔果斯，上海—成都，上海—瑞丽，衡阳—昆明。

这 12 条主干线全部是二级以上的高等级公路，其中高速公路占总里程的 76%，一级公路占总里程的 4.5%，二级公路占总里程 19.5%。它们连接了首都、各省省会、直辖市、经济特区、主要交通枢纽和重要对外开放口岸，覆盖了全国所有人口在 100 万以上的特大城市和 93% 的人口在 50 万以上的大城市，是具有全国性政治、经济、国防意义的重要干线公路。

2007年12月18日，国道主干线二连浩特至河口公路昭通至待补段建成通车。（新华社记者杨跃萍摄）

农村公路是中国广大农村地区最主要的交通基础设施,直接影响着农民的生产和生活。事实上，农村公路建设就是中国经济社会改革发展的一个缩影。1978 年，中国农村公路里程只有 58.6 万公里，大量乡镇和村庄都不通公路。到 2002 年底，中国农村公路仅达到 133.7 万公里。而如今，6 亿农民“出门硬化路、抬脚上客车”的梦想成为现实，人民群众的获得感在不断增强。

“截止到 2017 年底，全国农村公路的总里程已超过 400 万公里，99.99% 的乡镇通上农村公路，99.97% 的建制村也通了，应该说便利通达的农村公路网络，为广大农民致富奔小康提供了有力的保障。”交通运输部新闻发言人吴春耕表示。

当高速铁路、高速公路不断见证中国经济发展速度时，串联城乡的农村公路也考验着中国社会发展的深度。

过去 5 年，全国新改建农村公路 127.5 万公里，约 98.3% 的建制村通上了水泥路，通客车率达到 96.5% 以上，这意味着群众“抬脚踏上水泥路、出门坐上公交车”的梦想正逐步成为现实。

▼ 1985 年 8 月，湖南湘西土家族苗族自治州吉首市天险矮寨苗乡的盘山公路。湖南湘西土家族苗族自治州境内山高壁陡，过去交通十分闭塞。至 1985 年，已新修公路 5337 公里，95% 的乡都通了汽车。（新华社记者龙启云摄）

▸ 2016 年 10 月 10 日，施工人员在重庆市巫山县南大路（南陵乡到大溪乡）现场进行施工。（新华社记者陈诚摄）

▸ 2018 年 5 月 29 日，河北省邯郸市涉县河南店镇王堡村外的公路。（新华社记者王晓摄）

2017 年 7 月，在内蒙古锡林郭勒盟锡林浩特市，公路已经修到了牧民家门口。抬脚踏上水泥路，出门坐上公交车——我国竭力破除农村交通“最后一公里”瓶颈。（新华社记者连振摄）

新疆塔克拉玛干大沙漠是我国最大的沙漠，也是世界第二大流动沙漠。

1995 年，首条塔克拉玛干沙漠公路全线通车，这条世界上穿越流动沙漠最长的等级公路，北起西气东输起点轮南，南接和田地区民丰县，全长 522 公里，打通了南疆经济社会发展和塔里木油气资源勘探开发的交通命脉。

2008 年，新疆第二条沙漠公路建成通车，424 公里纵穿塔克拉玛干沙漠西部，从北侧的阿拉尔市至和田地区和田市，将沙漠西北缘的阿克苏地区和西南缘和田地区连接起来。

至此，两条平行于沙海之中的公路将塔克拉玛干一分为三，南北疆公路距离缩短 500 多公里，成为南北疆运输沟通的捷径。

◄ 1991 年 6 月，塔克拉玛干沙漠公路跨越塔里木河的临时浮桥。由甘肃长庆筑路公司承建的中国第一条通往塔克拉玛干沙漠腹地的公路，是为开发塔里木盆地石油资源而建的。（新华社记者武纯展摄）

► 1993 年 12 月，我国第一条横贯塔克拉玛干的沙漠公路——塔中公路在加紧建设。这条建在被称为“死亡之海”的公路，起自俏塘，止于塔里木盆地石油勘探重点地区的塔中，全长 268 公里。图为在塔克拉玛干沙漠公路建设中，秦皇岛科学院的科技人员为保证公路质量进行塑料网格路面的试验。（新华社记者武纯展摄）

1995 年 10 月，跨越塔克拉玛干大沙漠的沙漠公路，从新疆民丰县北部一个孤立而封闭的沙漠村庄牙通古斯村以西 18 公里远的沙漠中通过，公路上汽车的轰鸣声，打破了牙通古斯村的宁静，使这块偏僻遥远的沙漠绿洲和外界接近了许多。随着塔克拉玛干沙漠公路的建成通车，牙通古斯村迎来了新的生活。（新华社记者沈桥摄）

2018 年 6 月 12 日，汽车行驶在第一条沙漠公路上。（新华社记者赵戈摄）

7.2 | 铁路：从“绿皮车”到“子弹头”

经历过十几年前甚至更早春运的人不会忘记绿皮车。那一节节车厢寄托着对家乡的思念，也承载着归家路途的艰辛，不仅仅是车厢的拥挤，还有走走停停缓慢的速度。那时，全国铁路平均时速不到 40 公里。

如今，时速 350 公里的“复兴号”高铁动车组越来越多。从北京到上海大约 1300 公里的距离，几十年前几乎要一天一夜，现在最快只要 4 个多小时。高铁将时空距离大大压缩。

2007 年 12 月 22 日，中国首列国产化时速 300 公里“和谐号”动车组列车竣工下线。2017 年 6 月 26 日，具有完全自主知识产权、达到世界先进水平的中国标准动车组“复兴号”在京沪高铁两端的北京南站和上海虹桥站双向首发。到 2017 年底，中国铁路里程达到 12.7 万公里，高铁里程 2.5 万公里，占世界高铁总量的 66.3%。

筑路传奇

从 1876 年修筑第一条铁路起，到 1949 年新中国成立前夕，旧中国只修筑了铁路 21000 多公里，其中大部分都在东部及沿海地区。截至 1980 年 2 月，新中国共修建了 103 条铁路干线和支线，全国铁路通车里程已达 5 万多公里，除位于世界屋脊的西藏自治区外，全国各省、市、自治区都通了铁路。

1980 年 1 月，运行在中国西北秦岭山区的电气列车。穿越秦岭的宝成铁路（陕西宝鸡—四川成都）是中国第一条电气化铁路。（金刚摄）

▲ 1980 年，辽宁大连机车厂生产的四千马力东风四型内燃机车。这是中国当时生产的内燃机车中质量最好的一种。（刘东民摄）

▲ 2001 年 8 月 14 日，由长春客车厂、西南交通大学和株洲电力机车研究所联合开发研制的中国第一辆国产磁悬浮客车在长春客车厂下线，这标志着中国继德国和日本之后，成为第三个掌握磁悬浮客车技术的国家。磁悬浮车辆具有运行平稳、低噪音、无污染等优点。当时这辆磁悬浮客车最高时速仅 100 公里。2005 年 5 月，中国研制的时速 400 公里的“中华 06 号”高速轻型吊轨磁悬浮客车在大连运行成功。（新华社发 / 徐亮摄）

▶ 2017 年 4 月 17 日，工人在中铁上海工程局银西高铁甘宁段制梁场制作高铁预制梁。银西高铁跨陕西、甘肃、宁夏三省（区），速度目标为 250 公里每小时，计划 2020 年建成通车，届时从西安到银川将由现在的 14 个小时缩短至 3 小时左右。（新华社记者王鹏摄）

2017 年 9 月 17 日，河北省怀来县境内的新建京张高铁跨大秦铁路线土木特大桥连续梁在转体中。（新华社记者杨世尧摄）

神奇的天路

青藏铁路东起西宁市，南至拉萨市，全长 1956 公里。其中格尔木至拉萨段全长 1142 公里，于 2001 年 6 月 29 日开工，是世界上海拔最高、穿越冻土里程最长的高原铁路。铁路沿途经过海拔 4000 米以上的地段有 960 公里，最高点为海拔 5072 米，穿越多年冻土里程 550 多公里。

青藏铁路犹如一条神奇的天路，而修建它时所遇到的三大难题即多年冻土、生态脆弱与高寒缺氧，也使这条铁路的诞生具有重大的科技意义。

青藏铁路修建以人为本，人与自然得到和谐共存。铁路建设沿线设立多层次的医疗、救护站，施工人员得到及时的救治，因而没有一名施工人员因高原病死亡。青藏铁路建设尽力保护高原上的一草一木，努力减少对野生动物、冻土的影响，对冻土采取了多种保护措施，对藏羚羊等野生动物专门设立了迁徙通道。铁路直接用于环保的投资达 11 亿多元，这在中国铁路工程史上还是首次。

青藏铁路第一期工程于 1979 年 7 月 28 日提前两个月铺轨至格尔木。图为泉吉峡隧道群，它由七座隧道组成，桥隧相连。（新华社记者樊如钧摄）

2004 年 6 月 22 日，西藏境内第一段铁路轨排在安多火车站铺下，铁轨从这里向拉萨继续延伸。（新华社照片）

2007 年 6 月 13 日，一列进藏列车经过昆仑山冻土热棒试验区。青藏铁路建设工程采取热棒、碎石护坡等多种技术措施有效保护了沿线冻土环境。（新华社记者侯德强摄）

“复兴号”的中国速度

“复兴号”是由中国铁路总公司牵头组织研制、具有完全自主知识产权、达到世界先进水平的中国标准动车组。发展先进制造业是我国制造业转型升级的内在要求，也是我国经济进入高质量发展阶段的必经之路。改革开放以来，我国制造业尤其是先进制造业取得了瞩目成就。得益于完备的产业体系、坚实的制造基础和吸收新技术的巨大国内市场，我国先进制造创新从跟跑为主，进入跟跑在加快、并跑在增多、领跑在涌现的新阶段。

2018 年 2 月 1 日凌晨，动车组停靠在武汉动车段的存车线上，准备进行检修和保温作业。（新华社记者肖艺九摄）

2018年4月10日，在杭州火车东站，乘坐从杭州至北京的“复兴号”动车组G20次列车的乘客准备登车。（新华社记者黄宗治摄）

◀ 2018年5月28日，第十四届国际交通技术与设备展览会在北京举行，观众在中国中车展位参观“复兴号”动车组模型。本届展会以“科技引领、创新驱动，奋力推进交通强国建设”为主题，共有来自多个国家和地区的近600家企事业单位参展。（新华社记者邢广利摄）

2017 年开跑的“复兴号”在京沪高铁实现 350 公里时速运营，再次创造了领先世界的中国速度。目前，中国铁路在勘察设计、工程建造、高速动车组、列车控制、牵引供电、运营管理、安全保障等领域已经取得一系列自主创新成果，中国铁路总体技术水平已迈入世界先进行列，部分技术处于世界领先水平。作为中国“新四大发明”之一，高铁不仅安全、便利、快捷地服务着中国旅客，同时也惊艳着世界。

2018 年 3 月 21 日，一列动车通过汉中市南郑区新集镇油菜花海。（新华社记者陶明摄）

特写：从墙上“驶出”的火车

2016年底，甘肃省陇南市宕昌县哈达铺车站，杨尕女和女儿李有霞回到阔别多年的家乡，望着新建成的火车站，感慨万千！这一刻，她心里从“墙上”到“路上”的梦想，今天终于触手可及了……随着首发的K2618次“陇南号”列车鸣声驶过，兰渝铁路（岷广段）正式通车，“渝新欧”国际通道的重要部分就此建成。

时光退回到1996年的冬天，新华社甘肃分社记者武斌从兰州出发，在国道212线上坐了整整一天大巴，终于到了甘肃南部小城宕昌。当年这个不通火车的县城，曾是中国最贫困的地方之一。山大沟深、可耕地少，当地人常要背着背篓四处拾土造田。有的田地面积极小，只有一头牛的容身之地，而被人戏称为“卧牛田”。

那一天，在宕昌采访的武斌偶然敲开了农户杨尕女家的房门，进了门，微弱的灯光下，一列火车清晰的画在面前的墙壁上，“太意外了。一个这么封闭地方的农民家，墙上竟然画着一列火车。”武斌感叹道。

深谈后得知，那时的杨尕女家里只有几亩薄田，一家四口人根本吃不饱。20多岁的她常常要抱着女儿去周边县城乞讨，能讨到一点白面馍馍，就能高兴一天。“这里交通太闭塞了，什么时候我们能坐上火车去富足的地方，让日子过得好些，钱赚得多些就好了。”杨尕女的话，让武斌深受触动，被大山“锁住”的火车梦更是令他动容。他按下快门，记录下昏暗土房中杨尕女一家的火车梦想：土坯房里，煤油灯微微发亮，一名妇女怀抱婴孩，坐在泥巴糊起的土炕上眺望远方。身后墙壁上，一列长长的火车穿行而过。其实这也是一家人对生活的希望和走出大山的梦想。

◀ 1996年，陇南市宕昌县阿坞乡农民杨尕女抱着女儿在家中合影，身后的墙上有她们画的一列火车，当时从未坐过火车的杨尕女梦想有一天能坐着火车走出大山。（新华社记者武斌摄）

▶ 2016 年 12 月 24 日，杨尕女（右）和女儿在陇南市宕昌县新建成投用的哈达铺火车站前合影。（新华社记者陈斌摄）

20 年后，照片中的人与拍摄者终于重逢。2016 年 12 月，杨尕女盼望了 20 年的火车终于通到了家乡。已迁居外地的她特地带着女儿赶回来见证这一时刻。武斌也拿起相机，重走来时路，惊叹着山乡巨变。

照片中还在母亲怀中的婴孩，如今已是 20 岁的大姑娘。看着老照片，杨尕女的女儿李有霞感叹连连。“从前家里穷，没有照片，我根本不知道自己小时候长啥样。原来我那时候眼睛又大又圆。”

对于和杨尕女一样的甘肃陇南山区群众而言，出行是长期以来最大的难题。

陇南地处甘肃省东南部，东邻陕西，南接四川，素有“秦陇锁钥、巴蜀咽喉”之称。境内高峻山岭与深陷河谷错落相接，层层叠叠的山岭犹如屏障，将这里与外界隔绝开来。直线距离只有数十公里的两地，往往要绕着大山低速缓行数个小时。青泥岭、阴平道、祁山道这些镌刻在“蜀道”上的地理概念，既赋予陇南大地厚重的文化积淀，也更诉说着陇南山区群众行路难的艰辛历史。

◀ 1996 年，陇南市宕昌县车拉乡农民徒步走出大山。（新华社记者武斌摄）

▲ 2016 年 12 月 25 日，兰渝铁路陇南境内白龙江 3 号特大桥（右）与高速公路从山脚下蜿蜒伸出。（新华社记者陈斌摄）

◀ 1996 年，陇南市宕昌县车拉乡农民在全乡唯一的对外通道——仅能容纳一辆汽车通过的土路旁劳作。（新华社记者武斌摄）

▲ 2016年2月25日，兰渝铁路陇南境内汉王特大桥（右）与高速公路、国道立体交叉。（新华社记者陈斌摄）

过去相当长的一段时间，陇南境内无高速、无铁路、无飞机场，国省道主干线公路等级低，通行能力差，通达率低，是全国、全省交通条件最落后的地区之一。交通发展滞后成为制约陇南经济社会发展的瓶颈，也成为甘肃通往中南、西南的交通“卡脖子”地段。

陇南兀立的危峰，锁住了山里人，也锁住了大山给人类最美好的馈赠。守着丰裕的物产，却难逃“富饶的贫困”，这是世代陇南人难解的愁肠。

改革开放40年来，陇南人为改变贫困落后面貌、改善交通条件付出了巨大努力。兰渝铁路、武罐高速、成武高速、十天高速陇南段、陇南成县机场等重大项目的建成投用，吹响了陇南有史以来最大规模的交通建设冲锋号。

如今，陇南行路难正在成为历史。40年来，高速公路、铁路、机场、乡村公路等多元化的交通形式正在由一个个期盼变成蓝图，由蓝图变成现实。昔日的交通“死角”正在翻身变成区域的交通“枢纽”。

未来，我们相信，群山环绕的陇南大山里，那些和杨尕女一样正奋力前行在脱贫路上的人们，伴随着日渐发达的交通网络，他们走出家乡、走向富裕，变得可待可期。（文/陈斌）

7.3 | 桥梁：华丽的时空跨越

2017 年 10 月 15 日，武汉长江大桥迎来通车 60 周年。矗立在滚滚江水中的万里长江第一桥，开启中国现代桥梁建设的华章。

60 年前（1957 年），建设万里长江第一桥，需举全国之力；60 年后，一座座大桥跨越江河湖海、深山峡谷，不断刷新世界之最，成为中国亮丽的"新名片"。

▸ 2015 年 7 月 29 日，飞架南北的武汉长江大桥和武汉鹦鹉洲长江大桥（远处）。（新华社记者程敏摄）

▶ 20 世纪 50 年代，建设中的武汉长江大桥在进行钢梁架设。（资料照片）

▲ 20 世纪 70 年代，南京长江大桥。（新华社记者丁峻摄）

◀ 2016 年 10 月 8 日，南京长江大桥。（新华社发 / 苏阳摄）

怒江自北向南纵贯云南省怒江傈僳族自治州300多公里。新中国成立前，怒江两岸的交通运输主要靠人背马驮，人们过江主要靠溜索和渡船，交通十分闭塞。近年来，国家有关部门和云南省不断加快公路和桥梁建设步伐。目前在怒江州的怒江、澜沧江等江面上修

▼ 新中国成立前，怒江峡谷中没有桥，人们常要冒着生命危险，靠少数的竹制溜索和独木舟过江。新中国成立后到1984年12月，国家先后在峡谷中的怒江上架设了29座吊桥。图为1984年12月，每次可同时过三四人的人行吊桥。（新华社记者闵福全摄）

建了 139 座永久性钢筋水泥汽车大桥和人行钢索吊桥等各类桥梁，基本解决了群众过江难的问题，全州公路通车总里程逾 5500 公里，乡镇通畅率 100%，建制村通达率 100%。如今的怒江天堑已经变成通途。

▼ 2016 年 11 月 26 日，人们在怒江傈僳族自治州泸水县六库镇通过向阳桥，背后是几座新建的桥梁。（新华社记者胡超摄）

▲ 2018 年 5 月 1 日，湖南省吉首市矮寨大桥周边云雾缭绕。（新华社发 / 龙恩泽摄）

► 2016 年 9 月 10 日，毕节至都格高速公路北盘江大桥。我国东西横线大通道杭瑞国家高速公路的关键节点——毕节至都格高速公路北盘江大桥当日顺利合龙。该桥桥面到谷底垂直高度达 569.66 米，超过此前的世界第一高桥湖北省四渡河大桥（560 米），跃居世界第一。北盘江大桥自 2013 年正式动工建设，总投资 10.33 亿元，全长 1341 米，主跨 720 米，在公路钢桁梁斜拉索桥中跨径排名世界第一。北盘江大桥于 2016 年年底建成通车，贵州和云南两省再添快速通道，对于构建自东部地区到内陆口岸的快进快出高速网络具有重大推动作用。（吴东俊摄）

▲ 2010 年 7 月 23 日，位于贵州安顺的坝陵河大桥。2009 年 12 月 23 日，地处贵州省关岭县与国家级风景名胜区黄果树瀑布交界处的坝陵河大桥正式通车。坝陵河大桥全长 2237 米，主跨 1088 米，距河面垂直高度 370 米。该桥的建成不仅极大方便了两岸群众，更实现了贵州与云南两省高速公路快速连接。（新华社记者杨楹摄）

2018 年 1 月 9 日拍摄的新白沙沱长江特大桥（右）和修建于 20 世纪 50 年代的白沙沱长江大桥（左）。经过 5 年艰苦建设，位于重庆江津的世界首座双层六线钢桁梁铁路斜拉桥——新白沙沱长江特大桥 2018 年 1 月前后落成。新白沙沱长江特大桥全线长约 5.32 公里，其中主桥全长 920 米，是渝贵铁路跨越长江的重要通道和关键控制性工程。该桥上层为四线客车线，设计时速 200 公里；下层为两线货车线，设计时速 120 公里。据介绍，渝贵铁路开通后，列车通过这座大桥最快仅需 16.56 秒。（新华社记者刘潺摄）

▲ 笋溪河特大桥是一座典型的超高墩、大跨度、特长山区高速公路桥梁，大桥长 1578 米，桥面宽 24.5 米，最高桥墩 190.65 米，河面到桥面达 290 米，是目前重庆已有和在建桥梁中最高的。（解国清摄）

▲2018 年 1 月 11 日，夜郎河大桥。经过 5 年多艰苦建设，世界首例“贯入式大体积嵌岩拱座基础”大桥——夜郎河特大桥落成，与渝贵铁路一起进入检测试运行阶段。夜郎河特大桥位于贵州省遵义市桐梓县境内，是渝贵铁路重点控制性工程之一。桥上线路为双线，主桥采用 X 形“提篮式”拱桥设计，最大跨度 370 米，为国内同类型桥梁跨度第一。（新华社记者刘潺摄）

2017年6月6日，无人机航拍的港珠澳大桥。交通基础设施建设，是粤港澳大湾区建设的重要载体和主要内容。作为粤港澳大湾区腹地的广东，近年来不断加快交通基础设施建设，持续提升综合运输服务水平，粤港澳大湾区对外交通运输网络逐步形成。至2017年，粤港澳大湾区海陆空对外通道已基本成网，客运、货运总量占全国比重均超过35%，有条件形成功能完备、及时可靠、通关便利、流转顺畅、经济高效、海陆空并进的联通“一带一路”的门户和枢纽。（新华社记者梁旭摄）

▲ 2018 年 5 月 23 日，坭洲水道桥。2018 年 5 月 25 日，广东省交通集团通报，“粤港澳大湾区”重要交通基础设施项目虎门二桥取得重大建设进展。作为虎门二桥的一座主桥，跨径 1688 米的坭洲水道桥顺利合龙。（新华社发）

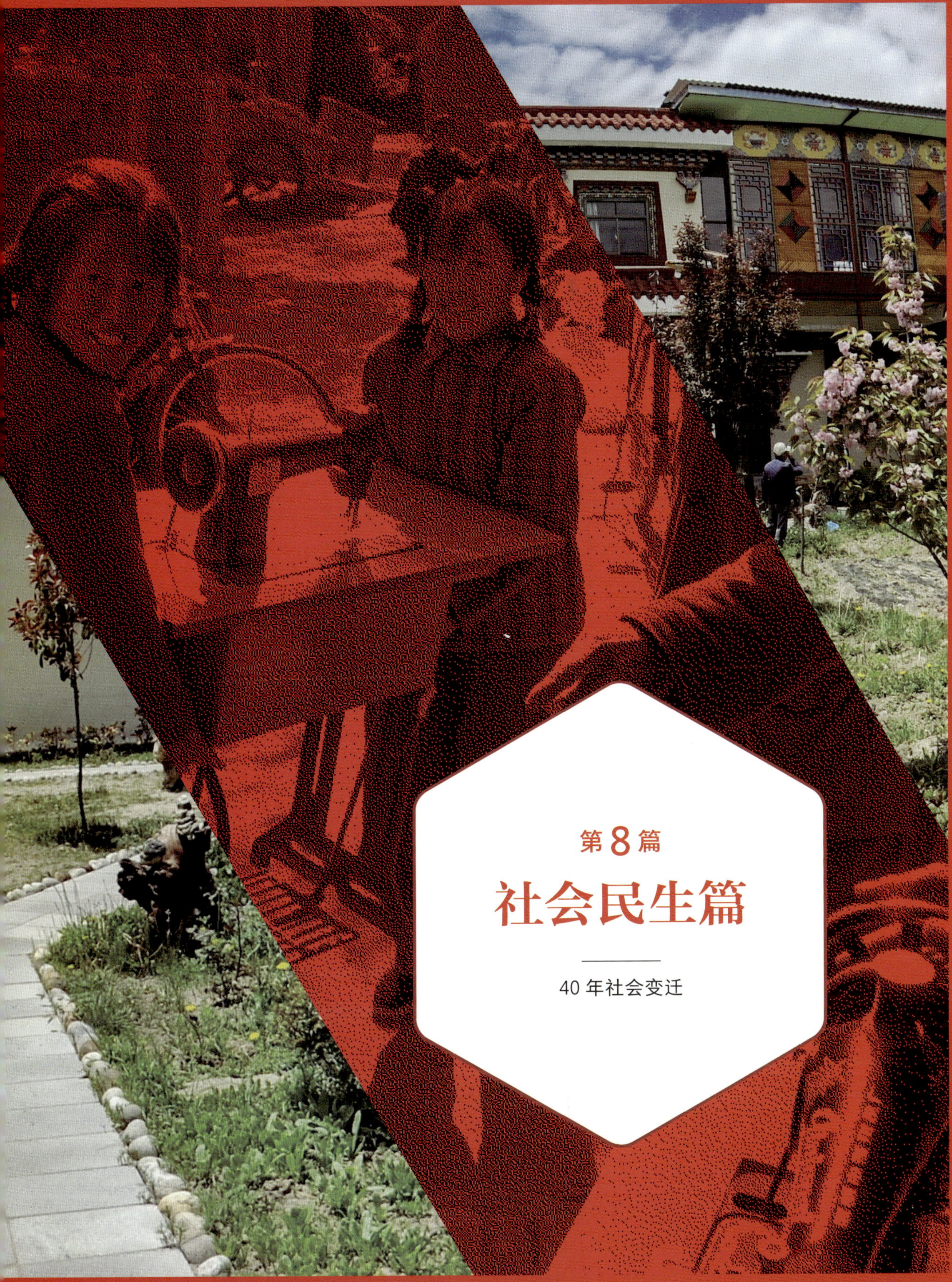

第8篇 社会民生篇

40年社会变迁

8.1 | 教育变迁：从恢复高考到建设教育强国

1978 年，以邓小平为代表的一代党和国家领导人，以非凡的魄力和远见卓识开启了改革开放的大门，与前一年的恢复高考、重建教育秩序互为呼应，从此引领着中国教育理论与实践走向了前所未有的征途。40 年来，我国教育获得了巨大的发展，为国家的现代化建设提供了强劲的动力，推动中国以崭新的姿态屹立于全球经济、政治和文化的强林。

1977 年，恢复高考。

1986 年，《中华人民共和国义务教育法》颁布并实施。

20 世纪 90 年代：为应对 21 世纪人才需求，我国重点建设 100 所左右的高等学校和一批重点学科、专业，使其达到世界一流大学水平，称为“211”工程。

1999 年，扩大高校招生规模。

2001 年，教育部出台新政策，允许 25 周岁以上公民参加高考，彻底放开高校招生的年龄限制。

2002 年，国务院印发《关于完善农村义务教育管理体制的通知》，保证农村义务教育投入。

2010 年，中共中央、国务院印发《国家中长期教育改革和发展规划纲要（2010—2020 年）》，提出到 2020 年，基本实现教育现代化，基本形成学习型社会，进入人力资源强国行列。

2012 年，国家财政性教育经费首次突破 2 万亿元，占 GDP 比例首次超过 4%。

2015 年，国务院印发《关于进一步完善城乡义务教育经费保障机制的通知》，要求整合农村义务教育经费保障机制和城市义务教育奖补政策，建立统一的中央和地方分项目、按比例分担的城乡义务教育经费保障机制。

2018 年，中共中央、国务院出台《关于全面深化新时代教师队伍建设改革的意见》，明确提出要不断提高教师的地位待遇，真正让教师成为令人羡慕的职业。

……

▲ 1965 年 6 月，在甘肃省河西走廊黄花农场落户的知识青年在开荒造田。（新华社记者敏钟杰摄）

圆梦青春：从恢复高考到“双一流”大学建设

从改革开放前的一声“春雷”，到如今“双一流”大学如火如荼的建设；从靠高考改变命运、“千军万马过独木桥”的激烈，到如今高等教育已然成为大众教育，让有意愿上大学的人都可梦想成真；从 1977 年的冬寒料峭到 2018 年的春暖花开，中国高考改革的大刀阔斧，也是改革开放 40 年波澜壮阔的一个缩影。

◄ 1976年7月，湖南省汉寿县明光水产养殖队下乡知识青年游洪涛（右）和明光水产养殖队科研小组成员在研究饲养好甲鱼的方法。（新华社记者孙忠靖摄）

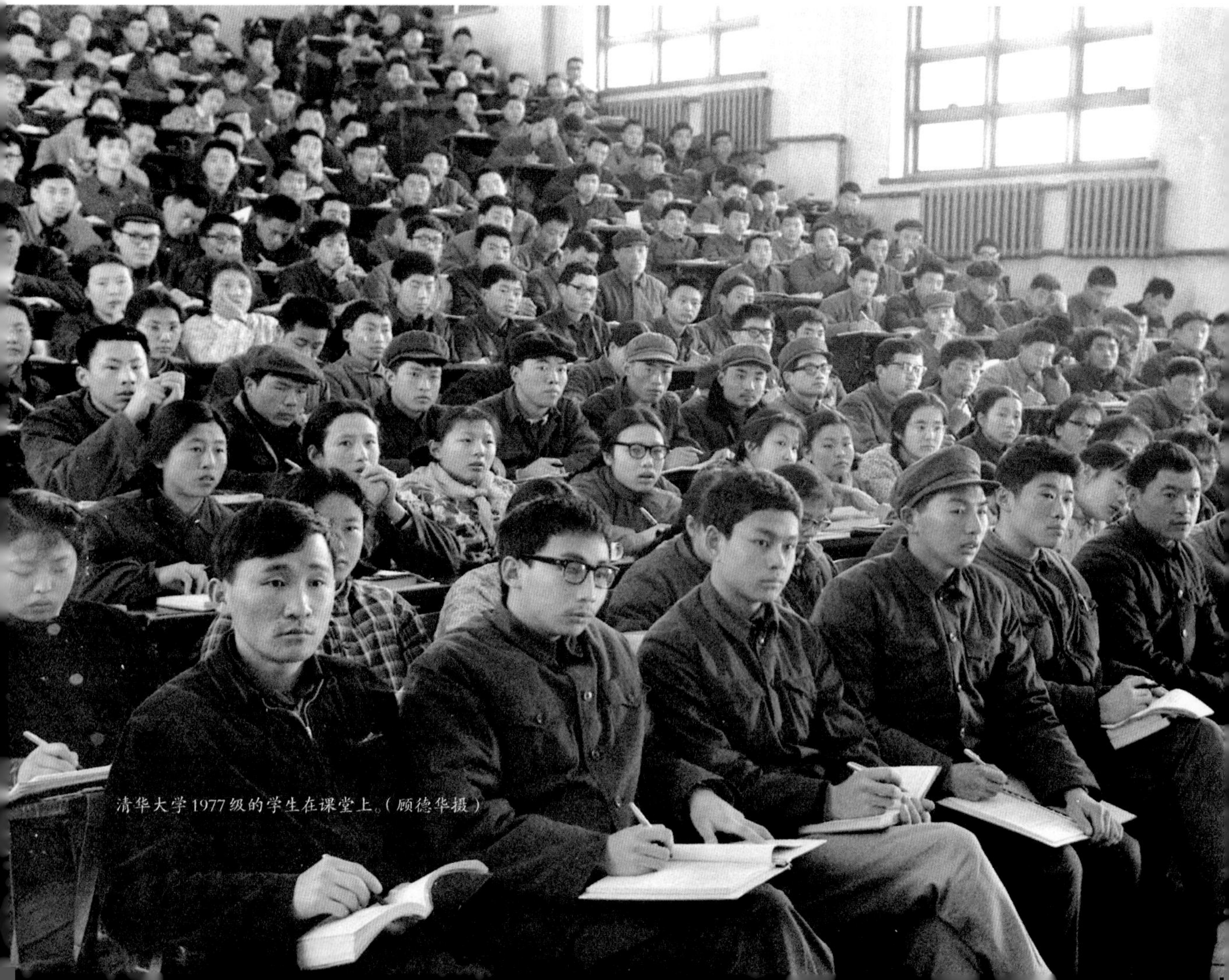

清华大学1977级的学生在课堂上。（顾德华摄）

▶ 1978 年春，北京大学迎来恢复高考后录取的第一批新生。（新华社照片）

1978 年少年班的创办，寄托着一个国家对人才的渴求——早在 1974 年，诺贝尔物理学奖获得者李政道教授就向我国领导人提出建议——中国要培养一支“少而精的基础科学工作队伍”，少年班的设想由此浮出水面。

彼时，各行各业百废待兴，科技人才严重断档，“早出人才、快出人才”成为全社会的迫切问题。从少年人才入手，主要是为了打破当时不重视培养基础科学人才的状况，能使全国各类人才培养步入正轨。

1977 年，一起推荐“13 岁天才少年——宁铂”的新闻事件，直接催生了少年班的创办：江西一教师致信给时任中共中央政治局委员兼中国科学院副院长的方毅，并随即得到批示。方毅和宁铂对弈围棋的照片，一时轰动全国。

1978 年 3 月，在著名物理学家、诺贝尔物理奖获得者李政道教授的大力倡导和热心支持下，在邓小平、方毅等党和国家领导人的支持和推动下，中国科学技术大学创建了少年班，主要招收尚未完成常规中学教育，但成绩优异的青少年接受大学教育，其目的是探索中国优秀人才培养的规律，培养在科学技术等领域出类拔萃的优秀人才，推动中国科技、教育和经济建设事业的发展。

◂ 中国第一届大学生少年班部分同学和老师的合影。1978 年 3 月，中国第一个少年班在中国科技大学创办。21 名“神童”没有经过高考便被中国科学技术大学直接破格录取，组成少年班集中接受教育培养，其中年龄最小的只有 11 岁。（资料照片）

2018 年 6 月 10 日，毕业生们在欢乐谷广场上拍合影。当日，来自上海 10 余所高校的近 80 名应届大学本科毕业生来到上海欢乐谷，参加在这里举行的过山车毕业礼活动。（新华社记者方喆摄）

▶ 1982年6月，中国举行了首次博士论文答辩。有6位研究生通过了博士论文答辩，分别获得了理学和工学博士学位。北京大学攻读博士学位的研究生张筑生，1982年7月6日顺利通过论文答辩，成为我国第一个通过博士论文答辩的攻读博士学位的研究生。（新华社记者顾德华摄）

▲ 为了加速培养民族师资，贵州省黔东南苗族侗族自治州于1978年正式创办黔东南民族师范专科学校。这个学校招收的苗、侗、布依等少数民族学生，已达全校现有学生总数40%左右。（新华社记者龙启云摄）

▲ 1985年9月10日，新中国第一个教师节，我国著名教育家吴若安（右二）来到她曾担任校长的上海市第一女子初级中学，为她题写的校名揭牌。1985年1月21日六届全国人大常委会第九次会议确定，每年的9月10日为教师节。（新华社发 / 朱正民摄）

1988年6月，港澳同胞捐资建造的广东省顺德县（今佛山市顺德区）华侨中学教育大楼。至1988年，海外华侨、港澳同胞已捐资5.91亿元帮助广东省发展教育事业。（新华社记者潘家珉摄）

“教育是民族振兴的基石，教育公平是社会公平的重要基础。”这是我国教育事业改革开放30年来的写照。1978年至2008年的30年来，我国教育事业取得跨越式发展，国民素质显著提高，教育公平制度建设显著加强，更多困难群体受惠。从1986年颁布义务教育法起，经过10多年奋斗，我国在2000年实现了基本普及九年义务教育、基本扫除青壮年文盲（简称“两基”）目标，“两基”人口覆盖率超过85%，2007年进一步扩大到99%，跻身于免费义务教育水平较高国家行列。2004年，国家西部地区“两基”攻坚计划启动。中央财政投入100亿元建设8300多所寄宿制学校，解决学生“进得来”的问题；实施“两免一补”政策，解决学生“留得住”的问题。2006年9月1日，修订后颁行的《义务教育法》明确规定，“实施义务教育，不收学费、杂费”。这一年，西部农村首先实施义务教育经费保障机制改革。2007年春天，这项改革推行到全国农村；同年秋季，全国农村义务教育在免交学杂费的同时，还免收教科书费，1.5亿学生因此受益。2008年春天，16个省区市和5个计划单列市进行免除城市义务教育学杂费试点。到了秋季，所有城市免除义务教育学杂费，至此我国形成了城乡统一的义务教育普惠制。

▲ 1990年3月，贵州省松桃苗族自治县一个村扫盲班正在上课。（新华社发）

▼ 2008年3月13日，甘肃省临泽县第一小学学生放学回家。（新华社记者张锰摄）

党的十八大以来，以习近平同志为核心的党中央高度重视教育事业，坚持把教育摆在优先发展战略地位，对教育工作作出一系列重大决策部署，扎实实施教育惠民举措，人民群众获得感明显增强，促使教育为社会主义现代化建设提供有力的人力支持和知识贡献。

近5年来，根据党中央的总体要求，公共财政优先保障教育，国家财政性教育经费占国内生产总值的比例始终保持在4%以上，为教育事业全面发展奠定了基础。2016年，我国学前3年毛入园率为77.4%，小学净入学率为99.9%，初中阶段毛入学率为104.0%。九年义务教育巩固率为93.4%，高中阶段毛入学率为87.5%，高等教育毛入学率为42.7%。从国际可比数据看，我国教育普及程度超过中高收入国家平均水平。在加强中西部教育方面，重点改善贫困地区义务教育薄弱学校基本办学条件，实施中西部高等教育振兴计划。覆盖各级各类教育的家庭经济困难学生资助体系形成，2016年受助学生超过9000万人次，农村义务教育学生营养改善计划每年惠及3600万贫困地区学生。残疾人受教育机会不断扩大，进城务工人员随迁子女就学保障和农村留守儿童关爱服务体系进一步完善，促进教育公平取得实实在在的成效。

2018 年 6 月 8 日，广西隆林各族自治县新州第三小学的学生在用古老壮族八音曲调演唱《算盘圆舞曲》。当日，广西百色市隆林各族自治县举行“非遗进校园”活动，当地中小学生进行壮族山歌、八音坐唱、踩风车等非物质文化遗产项目展示，感受传统文化魅力。（新华社发 / 林斌摄）

▲ 中国首批赴美留学的 50 名访问学者于 1978 年 12 月 27 日到达华盛顿。图为 1979 年 1 月 5 日，部分访问学者在乔治敦城大学学习。（资料照片）

▲ 1986 年 39 岁的青年教师姚志远（右二），1981 年从美国进修回国后，立即投入到科技大学国家同步辐射实验室的设计、建造工作中。图为他正和助手们调试加速器自控系统的远控微机系统。（新华社记者鲁迅承、宋斌摄）

扩大教育对外开放

从 19 世纪末中国派出第一批留学生至今 100 多年的历史中，不少中国人为求民族兴盛、科技发展，远渡重洋，出国留学。在不同的历史时期，曾经出现多次大规模出国留学热潮。虽然留学人员的构成和留学国家、所学专业各不相同，但他们无不对中国百年来社会进步、经济发展以及东西方文化沟通起到推动作用。

中国大规模的出国留学热潮是在 1978 年实行改革开放政策之后。从 1978 年至 1998 年底的 20 年间，中国累计共有 32 万人出国留学，分布在 103 个国家，其中国家公派 5 万多人，单位公派 10 万余人，自费出国留学近 17 万人，有 11 万多人先后学成回国。也有越来越多的留学人员短期回国参加学术会议、讲座，开展科研合作，以多种形式为国服务。

▲ 1993 年 8 月 22 日，欧美同学会青年委员会在北京举办首届留学生与企业家联谊活动。数百名留学生和近 100 家企业的代表聚集一堂进行信息交流、讨论项目合作。图为留学人员向国际技术智力合作公司代表了解用人情况。（新华社记者王呈选摄）

▲ 1997 年 11 月 12 日，中国科学院和上海市招聘留学人员工作团在华盛顿举行洽谈会，向中国旅美学生、学者介绍招聘政策、领域、条件等情况，鼓励他们以多种形式为祖国服务。（新华社记者刘宇摄）

► 20 世纪 90 年代末，全球进入高新技术产业飞速发展时期，一批中国留学生回国创办的企业成为中国高技术产业的主导。35 岁的张朝阳就是他们中的一位。1996 年，他获得美国麻省理工学院博士学位后，用 22.5 万美金在北京注册一家名为“搜狐”的网络公司，两年后，便以 400 万美元的净资产位居全球计算机领域前 50 名。这是张朝阳于 1999 年 9 月在上海参加“《财富》全球论坛——上海年会”时接受中外媒体采访。（任珑摄）

这是一个民族史上罕见的人才回流潮：党的十八大以来，我国正形成最大规模留学人才“归国潮”。截至 2016 年底，中国留学回国人员总数达到 265.11 万人。仅 2016 年就有 43.25 万留学人员回国，较 2012 年增长 15.96 万人，增幅达 58.48%。

这是一个国家崛起于世界舞台的“磁场效应”：中国特色社会主义事业蓬勃发展的新局面和不断增长的国际影响力，对海外人才形成了强大的吸附力。拥抱“中国机遇”，投身“中国梦”，成为众多海外人才的共同选择。

▼ 2016 年 2 月 25 日，量子物理学家潘建伟在中国科学技术大学一实验室内了解科研情况。潘建伟率高徒陈宇翱、陆朝阳先后回国，三人三夺世界量子电子学和量子光学领域最高荣誉——菲涅尔奖。他们在回国后组建了一支中国物理界的“梦之队”。（新华社记者刘军喜摄）

▲ 2017年8月17日，王文超、刘青松、刘静、任涛（从左至右）在实验室里讨论研究进展。王文超等8名在美国打拼上十年的哈佛博士后，先后回到安徽合肥的“科学岛”——中国科学院合肥物质科学研究院，在崭新的平台上挑战前沿科研领域。（新华社记者金立旺摄）

这是一个执政党求贤若渴的宽广胸怀：党的十八大以来，以习近平同志为核心的党中央明确提出“聚天下英才而用之”的战略目标，加快构建具有全球竞争力的人才制度体系，“千人计划”“人才签证”“留学生创业”……不拘一格招才引智，为海外人才创新创业提供了更广阔的舞台和空间。

越来越多的海外学子，在“大磁场”的强大引力下纷纷归国，投身到这场伟大的民族复兴洪流，弄潮其中，风光无限。

◄ 1979 年 12 月，北京市东直门中医研究院教授、针灸科主任杨甲三，给在中国留学的南斯拉夫、日本、墨西哥的学生讲课。（新华社记者杨飞摄）

◄ 1986 年，26 岁的丹麦女教师安妮来到云南省楚雄彝族自治州楚雄师范专科学校任英语教师，这是她在课余时间为彝族学生辅导口语。1978 年以来，作为对外开放政策的组成部分，我国的对外教育交流与合作进入了一个新阶段。（新华社发 / 王芳摄）

◄ 1997 年 6 月 28 日，英籍女老师夏红来到地处鄂西山乡的恩施市小村小学与孩子们交朋友，并为贫困孩子提供入学资助。（新华社发）

▲ 2018 年 5 月 3 日，在中国石油大学（华东）大学生活动中心，哈萨克斯坦留学生珍珠（左一）在翰墨飘香书画社校友的指导下用毛笔在宣纸上书写。（新华社记者郭绪雷摄）

百年大计，教育为本。习近平同志所作的党的十九大报告围绕“优先发展教育事业”作出新的全面部署，明确提出：“建设教育强国是中华民族伟大复兴的基础工程，必须把教育事业放在优先位置，深化教育改革，加快教育现代化，办好人民满意的教育。”这为我们在中国特色社会主义新时代不断推进教育改革发展、大力提高国民素质指明了方向。

8.2 | 医疗变迁：从“赤脚医生”到“健康中国”

农村合作医疗制度、农村三级医疗预防保健网、赤脚医生制度，曾被世界卫生组织誉为中国农村卫生工作的三大法宝。

20 世纪 80 年代，中国经济体制改革从农村起步。农村实行家庭联产承包制后，家庭成为农村的基本生产单位，旧有的农村合作医疗失去依托，并逐渐解体。以“赤脚医生”闻名的中国模式，逐步淡出舞台，农村开始了漫长的看病自理时期。

此时，一批经验丰富的“赤脚医生”在村里开起诊所，数量达到 100 多万人，他们有一个统一的名称——乡村医生。作为国家医疗卫生体系的“网底”，在多年的基层卫生建设中发挥过不可替代的作用。

从最初看病老三样“听诊器、血压计、体温表”，到如今的“B 超、螺旋 CT、血气分析仪”；从“赤脚医生”到鼎级专家；从乡村诊所到“超级医院”……40 年沧桑巨变，中国医疗卫生事业发展飞速。

▲ 1974 年，河南省商水县练集公社刘楼大队“赤脚医生”对农村儿童进行疾病预防工作。（资料照片）

◂ 在巴颜喀喇山海拔4000多米的高寒牧区，活跃着一支外科手术队伍，它是由青海省果洛藏族自治州上红科公社的藏族“赤脚医生”组成的，在公社党委领导下，这批从放羊娃培养起来的“赤脚医生”，在医疗实践中积累了经验，为了用外科手术治疗牧区常见病，又先后到海北州医院和省医院学习、进修了几个月，一年前，他们成功地登上了手术台。这批“赤脚医生”平时分散在生产队坚持工作和劳动，一旦要做较大的手术，便集中在公社卫生所、大队合作医疗站或病人的帐房里，为牧民动手术。他们先后共做阑尾切除、肝包虫摘除等50多例外科手术，全部成功。图为1975年7月，“赤脚医生”在为儿童防疫。（新华社记者李基禄摄）

▾ 2005年12月9日，安徽凤阳县小岗村村民关友江手持《凤阳县新型农村合作医疗证》高兴地说：“小岗村476名村民都参加了合作医疗，以后看病不再难了。” 2003年10月，农村大包干发源地——安徽省凤阳县率先在全国实施新型农村合作医疗试点工作。通过修订完善《新型农村合作医疗定点医疗机构管理办法》，确保参加合作医疗的农民享有优质、安全、有效、廉价的医疗服务。到2005年12月全县共有54万农民参加合作医疗，参加合作医疗率达93.34%。2005年1月至11月，全县农村合作医疗管理中心共受理参加合作医疗农民住院费用补偿11347人次，实际补偿金额880万元。（新华社记者戴浩摄）

1998 年，国务院颁布《关于建立城镇职工基本医疗保险制度的决定》，要求在全国建立覆盖全体城镇职工，社会统筹和个人账户相结合的基本医疗保险制度。这标志着全国城镇职工医保改革的开始，也是我国建立适应社会主义市场经济的社会医疗保障体系建设的开始。

2002 年 10 月，《中共中央、国务院关于进一步加强农村卫生工作的决定》明确指出：要“逐步建立以大病统筹为主的新型农村合作医疗制度”。2009 年，中国作出深化医药卫生体制改革的重要战略部署，确立新农合作为农村基本医疗保障制度的地位。

▲ 新世纪第一个十年，健康、医疗、公共卫生成为最受关注的民生话题之一。2003年肆虐全球的“非典”留给中国人深刻的记忆。“非典”留下了刻骨铭心的伤痛，也留下了宝贵的社会财富。从疫情之初的慌乱到逐渐摸索出切实的应对措施，我们在公共卫生突发事件应急体制、传染病防控体系和政府信息公开等方面都发生了质的变化。在日常生活中，人们更加注重体育锻炼、分餐制慢慢流行、科学的洗手方法得到推广……当 2007 年的禽流感和 2009 年“甲型 H1N1 流感”来袭的时候，各方迅速行动起来，在第一时间对疫情实施了有效控制。广大人民的生命安全得到有效的守护。图为 2003 年 4 月 21 日，北京地铁的工作人员在车厢内消毒。“非典”时期全国各地的交通部门对各种交通工具进行细致认真的消毒，保证乘客的出行安全。（新华社记者李文摄）

2010年3月2日，甘肃省积石山大河家镇乡村医生何世英背着药箱出诊。1966年，何世英参加积石山当地举办的“赤脚医生”培训班，从那时候起，她就一直背着药箱行走在乡村。从问诊“半农半医”的“赤脚医生”到依靠全面覆盖的新农合体系，改革开放以来，中国农民获得的医疗保障逐步完善。体检方便了，看病容易了，开药便宜了，“因病致贫”“因病复贫”的现象逐渐减少。广大农村百姓真切感受到了医疗体制改革的好处。（新华社记者聂建江摄）

◀ 2014年6月25日，晋江市新塘街道沙塘社区居民王金（右）在晋江新型农村合作医疗服务中心为妻子办理特殊病种医疗费报销手续。（新华社记者张国俊摄）

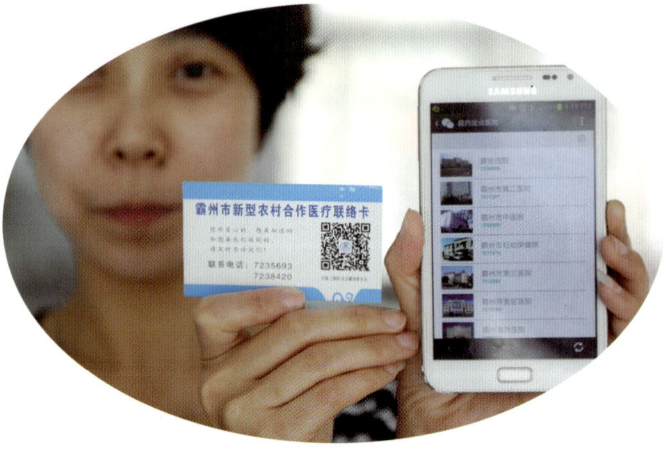

▶ 2014年5月13日，霸州市卫生局新型农村合作医疗服务中心工作人员在展示带有二维码的微信平台联系卡（左）和微信平台手机客户端（右）。为扩大新农合信息交流渠道、方便群众办事、践行群众路线，河北霸州卫生局新型农村合作医疗服务中心正式启动“霸州新农合”微信平台，与新农合数据实时对接，参合农民只要输入本人身份证号码、真实姓名，与新农合数据库核对授权后，就能实时查询家庭所有成员的参合状况、身份信息、新农合报销补偿情况和定点医疗机构信息。（新华社记者李晓果摄）

▶ 2015 年 11 月 10 日，当地医务工作者兴奋地把陈薇抛向空中，庆祝埃博拉疫苗在非洲开展临床试验取得成功。军事科学院军事医学研究院研究员、某研究所所长陈薇将抗病毒药物作为主攻方向，率领团队成功研制首个纳入国家战略储备的重组疫苗；“非典”期间，在最短时间验证 ω 干扰素的有效性，1.4 万名预防性使用的医护人员，无一例感染；研发出世界首个 2014 基因型埃博拉疫苗……（张学文摄）

◀ 2015 年 9 月 16 日，两名保险公司工作人员在甘肃省人民医院大病医疗保险服务窗口为患者办理大病医疗保险业务。为提高城乡居民大病保障水平、解决“看病难、看病贵”问题，2015 年起，甘肃省以城镇居民基本医疗保险和新型农村合作医疗为依托，在试点基础上全面推行城乡居民大病医疗保险。（新华社记者陈斌摄）

▲ 2015 年 9 月 23 日，就医者在天津医科大学总医院的线下自助设备上取号。预约挂号、“一站式”结算等“智慧医疗”举措让就医效率高上去、“堵心”少一点。（新华社记者岳月伟摄）

▲ 2017 年 1 月 5 日，几名贫困户在安徽金寨县贫困人口医疗补充保险受理窗口办理手续。（新华社记者刘军喜摄）

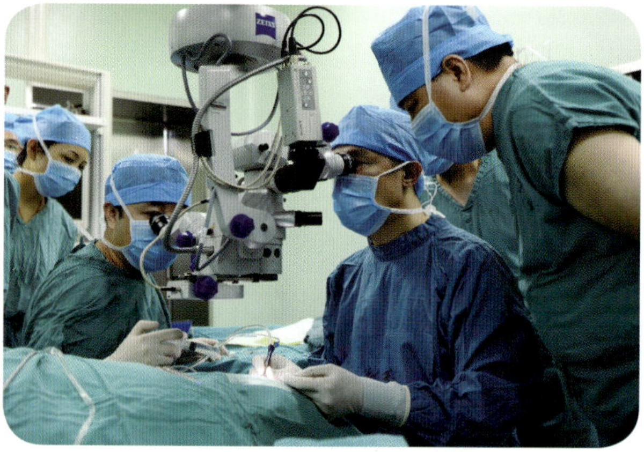

▲ 2016 年 10 月 10 日，国内白内障和眼内屈光手术专家、北京美尔目医院院长叶子隆与延安大学附属医院的医疗团队在陕西延安免费为白内障患者进行手术治疗。（新华社记者邵瑞摄）

▲ 2017 年 4 月 8 日，家住北京市广渠家园的藤奶奶（左）在东花市社区卫生服务中心健康小屋了解自己的身体状况。截至 2017 年 4 月，全国 94.7% 的地市级以上城市有了自己的医联体，19 个省份基层医疗卫生机构诊疗量占总诊疗量的比例呈上升趋势。“小病在基层、大病到医院、康复回基层”的合理就医秩序逐渐形成。（新华社记者罗晓光摄）

截至 2017 年，我国基本医保参保人数超过 13.5 亿，参保率稳定在 95% 以上。2017 年城乡居民基本医保人均财政补助标准提高到 450 元，医保目录新增 375 个药品，保障范围不断扩大，报销比例不断提升。在基本医保普惠的基础上，建立城乡居民大病保险制度，覆盖 10.5 亿人，大病患者合规医疗费用报销比例平均提高 12 个百分点左右。

▲ 2017 年 12 月 23 日，市民在安徽省立医院南区感受机器人导诊服务。（新华社记者刘军喜摄）

▲ 2017 年 12 月 17 日，在浙江乌镇举行的第四届世界互联网大会·互联网之光博览会上，参观者通过家庭智能终端与家庭医生在线交流。（新华社记者李鑫摄）

► 2018 年 3 月 27 日拍摄的中华人民共和国国家卫生健康委员会的牌子。2018 年 3 月 13 日，国务院大部制改革方案出炉。根据方案，组建国家卫生健康委员会，不再保留国家卫生和计划生育委员会，不再设立国务院深化医疗卫生体制改革领导小组办公室；组建国家医疗保障局；组建国家市场监督管理总局，单独组建国家药品监督管理局，不再保留国家食品药品监督管理总局。（新华社记者丁海涛摄）

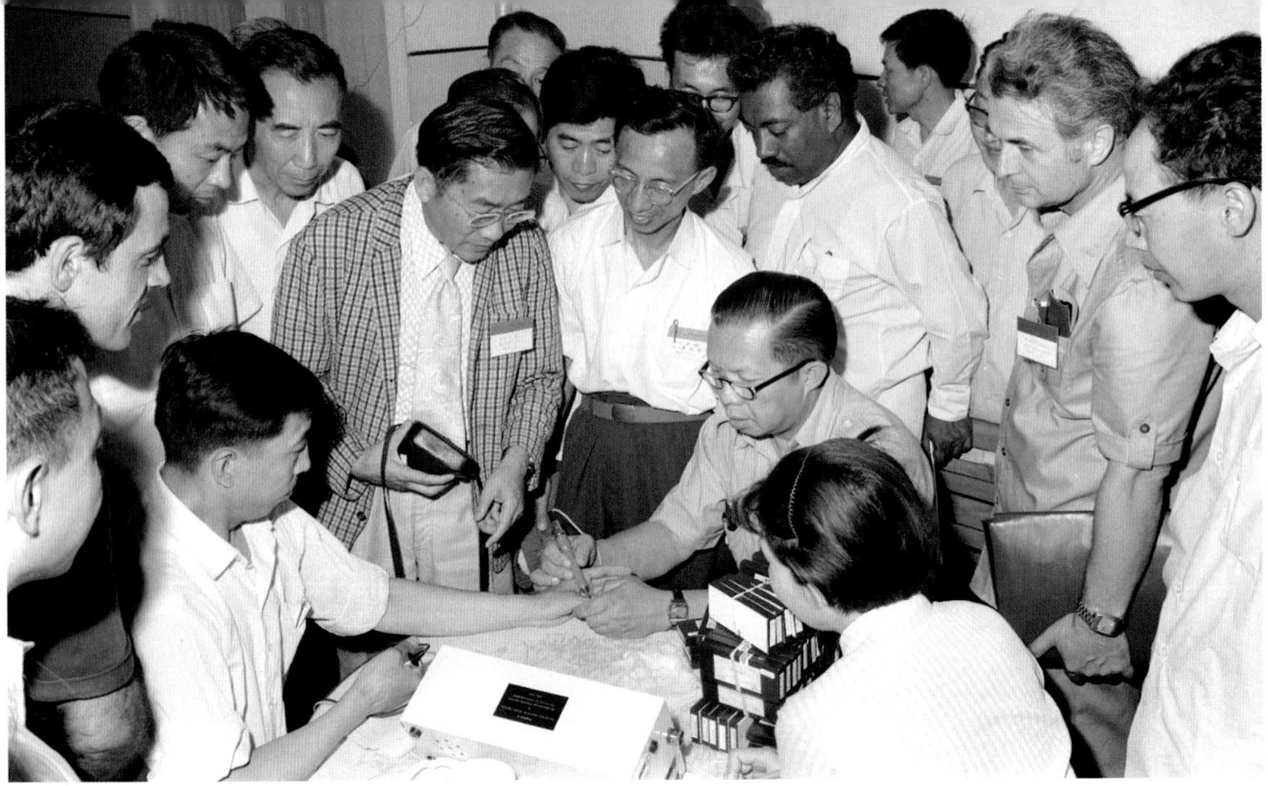

▲ 1979 年 6 月，美国加利福尼亚太阳谷针灸研究所向中国医学科学院赠送了一台皮电诊疗仪。图为出席学术讨论会的该所所长高维伦医学博士在作操作示范。（林川摄）

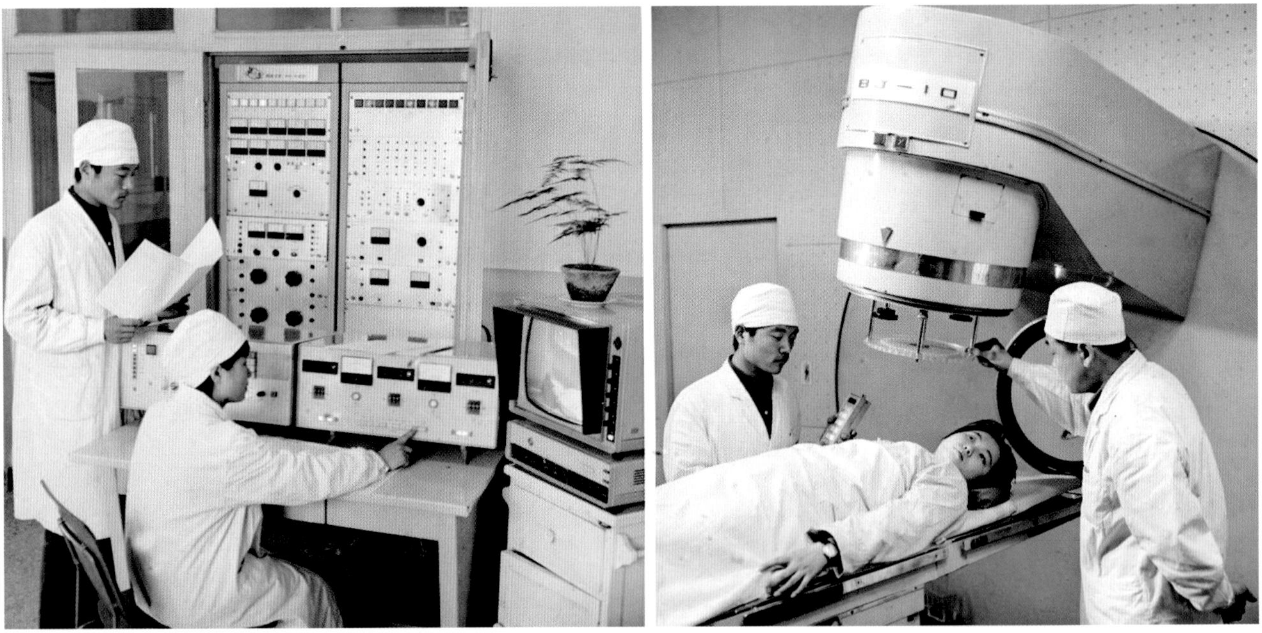

▲ 1979 年 7 月，北京市肿瘤防治研究所的医务人员使用我国自制的第一台医用电子直线加速器对癌症病人进行治疗。这种医用电子直线加速器是现代医学治疗癌症的一种重要工具，它既适合治疗人体深部内脏的恶性肿瘤，也可治疗人体浅层的恶性肿瘤。具有疗效高、副作用小、照射时间短等一系列优点，每天可治疗 80 名左右病人。左图是医务人员在操作，右图是病人在接受治疗。（新华社记者喻惠如摄）

▲ 1982年12月，坐落在北京龙潭湖畔由26个建筑物构成的宏伟建筑群，是中国医学科学院肿瘤研究所、肿瘤医院的新址。（新华社记者谢云安摄）

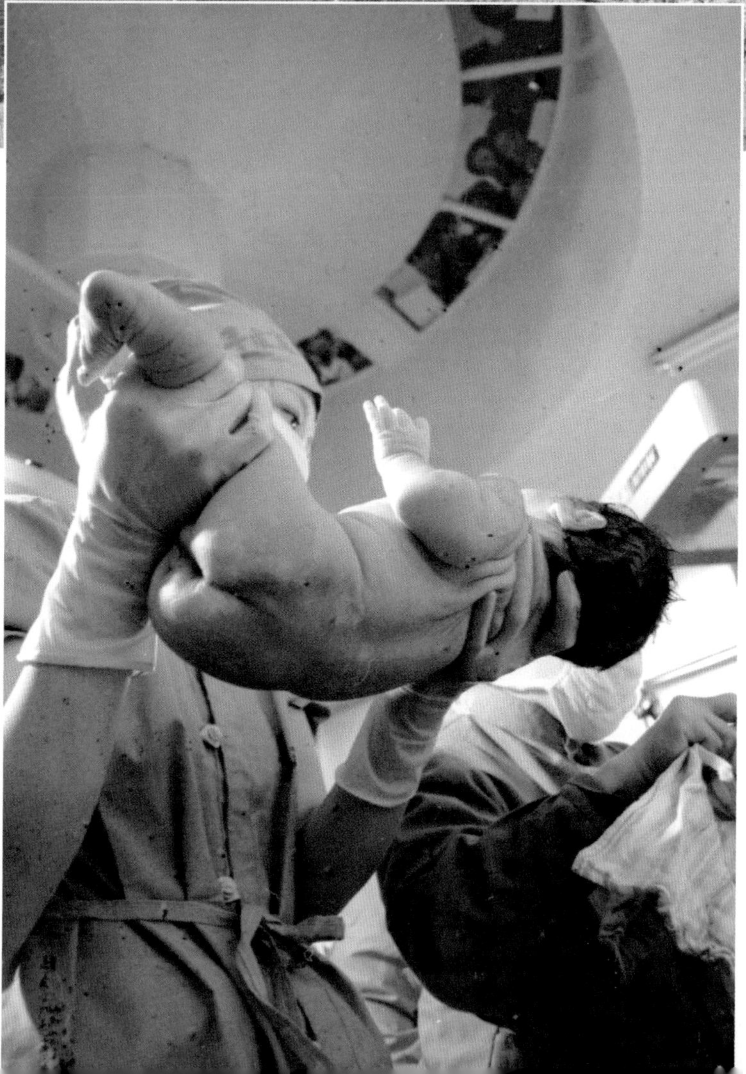

► 1988年3月10日8时56分，中国大陆首例试管婴儿郑萌珠在北京诞生，出生时体重3900克，身长52厘米。这例试管婴儿的科研项目是北京医科大学生殖工程组负责人、中国妇产科专家张丽珠教授和她的同伴刘斌副教授合作完成的，表明中国大陆现代医学技术完成了一次重大突破。

《中国健康事业的发展与人权进步》指出，中国人均预期寿命从 1981 年的 67.9 岁提高到 2016 年的 76.5 岁，孕产妇死亡率和婴儿死亡率显著下降。

▼ 2017 年 7 月 9 日，安徽医科大学附属阜阳医院的全自动药品存储分发系统为患者取药。（新华社记者刘军喜摄）

▶ 2018 年 3 月 25 日，位于海南博鳌乐城国际医疗旅游先行区内的“超级医院”。（新华社记者郭程摄）

2018 年 3 月 31 日，位于海南博鳌乐城国际医疗旅游先行区内的博鳌超级医院开业。博鳌超级医院定位为硬件一流、学科一流、管理一流的混合所有制综合医院，是举办医疗机构的一次体制机制探索，也是医院经营管理的创新，将为国内外患者提供国际先进的医疗服务。

党的十八大以来，以习近平同志为核心的党中央统揽全局，系统谋划，从党和国家事业全局出发，作出推进健康中国建设的重大决策部署，突出重点、立柱架梁，从民生关切着手，实施一系列利当前、惠长远的重大举措，推动医药卫生体制改革由易到难，渐次突破，为人民群众的共同追求、为民族复兴的光荣梦想不断夯实健康之基。

8.3 | 消费变迁：从票证到支付宝

眼下二十来岁的年轻人，对于粮票之类的票证往往不知所云，但对于他们的父辈来说，这些票证却能勾起对于物质稀缺年代最深切的回味。新中国成立初期，由于物质缺乏，票证成为人们购买商品的重要凭证。改革开放后，我国商品供应逐渐充足，票证渐渐淡出历史舞台，而各类银行卡成为支付的新方式。

随着互联网的普及，支付宝、微信、百度钱包、银联“云闪付”、翼支付等第三方支付方式的出现，让移动支付已逐渐成为一种消费时尚和潮流。

1957年，东北纺织管理局的工作人员养成了节约粮食的良好习惯。这是在假日外出的人，缴回节余的粮票。（资料照片）

◀ 1966 年春节前，在辽宁省海城县农村集贸市场上，当地的妇女们在棉布摊前选购花布，准备回家缝制新衣。（资料照片）

▼ 在 20 世纪六七十年代商品短缺时期，黑龙江省哈尔滨市中山服务站的送货车将年货送到居民大院。（资料照片）

▲ 20 世纪 80 年代的上海市场，过去紧俏的工业品已陆续取消凭票供应的办法，广大消费者储币待购、持币选购的情况逐步减少，为了适应市场的新变化，上海商业部门努力改善经营管理，加强市场预测，使产品更加适销对路，满足顾客的需要。（资料照片）

► 1980 年，浙江绍兴柯桥农民在购买年货。（资料照片）

▲ 2014 年 9 月 1 日，全球最大单体免税店三亚海棠湾免税购物中心正式开业。（新华社记者郭程摄）

◀ 2013 年 8 月 20 日，工作人员演示用 NFC 手机支付功能进行刷卡消费。当日，中国移动甘肃公司与浦发银行兰州分行共同推出甘肃省首张手机支付银行卡。这款 NFC 手机支付产品是我国正式上市的具有自主知识产权、基于 SIM 卡的手机支付银行卡。NFC 手机支付就是将银行卡信息写入手机 SIM 卡，并直接通过手机完成包括卡片开卡、账户充值、支付在内的诸多金融服务交易，无需任何银行网点或自助设备，可在全国各类消费场所 120 余万台标有银联“QuickPass 闪付”标示的 POS 机上使用。（新华社记者张锰摄）

▶ 2017年6月9日，旅客在往返于上海与日本之间的歌诗达邮轮赛琳娜号的餐厅点饮料。游客可通过扫码将支付宝账户与邮轮的房卡进行关联，用于船上购物、餐饮、娱乐活动以及岸上观光等消费。（新华社发／王颖摄）

◀ 2017年9月18日，在芬兰赫尔辛基，支付宝欧洲负责人（左）与芬兰国家投资贸易旅游促进推广总署执行副总裁安蒂·奥莫交换文件。当日，双方签署合作备忘录，以进一步拓展支付宝在芬兰的应用。（新华社记者李骥志摄）

▶ 2017年11月29日，在合肥瑶海区胜利智能农贸市场，市民在扫码支付。市场内每个摊位都安装了电子屏，只需扫码即可实现移动支付，还可在平台对商家进行点评、维权投诉等。（新华社发／张大岗摄）

2017 年 12 月 7 日，行人经过深圳前海周大福全球商品购物中心。该购物中心打造国际零售业创新文化以及深港合作高端消费体验中心，为内地市民提供香港和国外商品。（新华社记者毛思倩摄）

▶ 2017 年 12 月 27 日，乘客在杭州地铁丰潭路站体验使用带有闪付功能的银联 IC 卡过闸乘车。（新华社记者黄宗治摄）

▲ 2018 年 1 月 10 日，南京一处写字楼内，市民通过无人货架购买商品。苏宁推出的无人货架在南京亮相。消费者通过手机扫码、移动支付即可完成购物。（新华社记者李雨泽摄）

8.4 | 车轮上的变迁：从生活必需品到共享经济的载体

从19世纪末自行车从西方传入中国，成为官廷贵族的玩具；到20世纪六七十年代自行车和缝纫机、手表一起成为年轻人结婚必备的三大件；再到20世纪80年代，“飞鸽”“永久”是人们理想的交通工具，自行车逐渐成为中国人最重要、最普及的代步工具。那时每日上下班时壮观的自行车洪流，更是让中国成为外国人眼中的“自行车王国”。

随着改革开放的进行，人民生活水平的稳步提高，进入20世纪90年代后，自行车变成不再具有外表象征价值的交通工具，自行车在百姓生活中所扮演的角色悄然改变。伴随着中国城市里自行车洪流的消退，继续将自行车作为交通工具的人越来越少，但是对自行车使用有全新的认识的中国人正在不断增加。

社会学家预言，交通方式的多元化并不意味着自行车将被中国人彻底抛弃，随着中国人环保、健身意识的增强，一部分人还会重新选择这种没有噪音、污染和健康的交通工具；另外，自行车的运动作用和自行车极限运动的独特魅力，都将吸引越来越多年轻人更加亲近自行车。如今在大街小巷飞驰的样式各异的自行车，不再仅仅是一种普通的交通工具，也是人们健身、休闲的好方式。同时，随着汽车保有量的不断增加，给交通、环境、能源等方面带来诸多问题，骑自行车出行更成为时下人们追逐的一种生活新时尚。

“旧时王谢堂前燕，飞入寻常百姓家”，自行车自身地位、作用在中国的变化发展，记录了中国人生活的变迁，见证了改革开放的伟大历史成就。随着中国社会、经济的进一步发展，自行车这个中国人最亲密的朋友，会用它自己的方式更好地为中国人服务。

……

自行车融入几代中国人的集体记忆。对于自行车，中国人总有说不完的故事。

许多上了年纪的人记得，以前的年轻人想要结婚，手表、自行车和缝纫机这“三大件”可少不了。

▲ 20 世纪 70 年代初，上海自行车三厂生产的各种凤凰牌自行车正在市场上供应。（资料照片）

1981 年，国务院决定大力发展自行车、缝纫机等十种日用机电产品生产。1986 年头 11 个月，全国自行车产量达 3229 万辆，相当于平均一秒钟不到，就有一辆新自行车出厂。轻便车、女装车、彩色车在城市销售火爆。

到了 20 世纪 80 年代末，中国自行车保有量达到 5 亿辆，成为名副其实的“自行车王国”。当时人口过千万的北京有 800 万辆自行车，除去老人孩子，几乎一人一车。高峰时段，东单、南河沿、西单等路口每小时就有两万多辆自行车通过。浩浩荡荡的自行车大军成为当时中国城市的一大独特景观。

◂ 20 世纪 80 年代初，在四川省新都县（今成都市新都区）的自行车展销门市部，一对青年男女在选购自行车。（资料照片）

◂ 1988 年，冒雪骑车上班的北京市民。（资料照片）

▲ 1993 年，齐齐哈尔市一男子骑自行车载着家人。（资料照片）

▼ 1993 年，推着自行车行进的齐齐哈尔市民。（资料照片）

城市化挤压了骑行空间，但城市化引发的“城市病”也给自行车的重新流行提供了机遇。交通拥堵、空气污染，让人们重新认识到自行车的绿色、便捷、实惠。

近年来，以杭州、北京等为代表的全国 100 多个城市开始陆续推广公共自行车，画出自行车专用车道。而共享单车的应运而生，更是为化解城市交通“最后一公里”难题提供了有效方案，也让自行车大军重新出现在中国城市的街头。

在“一带一路”国际合作高峰论坛举行期间，一项针对 20 国青年的调查显示，高铁、网购、支付宝、共享单车，成为这些在华外国人心目中的中国“新四大发明”。

▲ 2017 年 10 月 26 日，在澳大利亚悉尼，一名市民使用 ofo 小黄车后展示手机付款界面。（新华社记者白雪飞摄）

▲ 2017 年 6 月 29 日，在英国曼彻斯特，几名警察在摩拜单车投放仪式上合影。（新华社发 / 克雷格 · 布拉夫摄）

▶ 2017 年 9 月 17 日，浙江嘉兴市民在中央公园内骑共享单车出行。（新华社发 / 金鹏摄）

第 9 篇

文化休闲篇

40 年文化生活变迁

9.1 | 阅读 · 学习

回顾 1978，讨论真理标准的热浪，“读书无禁区”的呐喊，汇聚起尊重知识、解放思想的洪流。

20 世纪 80 年代，出现了无书不热、无论不响的热潮，狂热的精神生活隐藏了欠缺深刻的些许遗憾，这是一个回归启蒙的时代，这是一个开放的时代。

◀ 1972 年 3 月 2 日，上海市的红小兵在阅读新出版的少年儿童读物，学习英雄人物的革命事迹。（新华社记者黄田宝摄）

▶ 1979 年，杭州儿童公园备有各种图书画报，喜欢阅读的小朋友来到这静静的一角。（新华社记者吴元柳摄）

▼ 2017 年 4 月 22 日，在 2017 年广西全民阅读活动暨广西书展活动现场，一名小朋友在阅读图书。（新华社记者陆波岸摄）

▲ 1979 年 8 月 7 日，湖北省新洲县（今武汉市新洲区）少年儿童在县文化馆举办的暑假阅览室，专心致志地阅读专为他们准备的各种文学、科技方面的书籍报刊。（新华社记者刘心宁摄）

▲ 1980 年 10 月 6 日，全国书市在北京劳动人民文化宫举行开幕式。这是新中国成立 30 年来，第一次举办的全国规模的书市，展销全国 100 多个出版社出版的 12000 多种图书。这是著名作家、教育家叶圣陶（前左）在书市上和读者见面。（新华社记者张树源摄）

◀ 1982 年 5 月 28 日至 6 月 3 日，北京市儿童少年文化艺术科技委员会等 16 个单位联合举办“六一”儿童书市，书市设在北京市劳动人民文化宫、北海公园和北京动物园三个地方，有 1500 种书籍，共 2100 万册。图为王府井新华书店职工为书市整理书籍。（新华社记者陈学思摄）

▼ 2014 年，中国数字图书馆、中国人权发展基金会联合向秦皇岛市海港区 49 所中小学捐赠了“数字图书馆”。“数字图书馆”不仅能够为在校学生提供阅读服务，通过云服务平台，同学们还可以使用移动终端、电脑和电视浏览图书、视频、期刊以及其他数字文化产品，尽享多媒体时代带来的阅读体验。（新华社记者杨世尧摄）

▲《习近平谈治国理政》——一部以“中国梦”为原点的治国理政方略，截至2018年8月，第一卷已出版24个语种，在160多个国家和地区发行800万册。图为2016年6月14日，一名波兰读者在首都华沙的书店内翻阅《习近平谈治国理政》。（新华社记者陈序摄）

▲2014年7月，重庆首个商场电子图书馆亮相，一名重庆市民用手机扫描电子借阅机上的二维码来下载图书。重庆市大渡口区图书馆在人流量较大的新天泽购物商场安装电子图书借阅机，建立重庆首个“商场电子图书馆”。图书借阅者可以通过“二维码”扫描及触摸屏等方式轻松将正版图书下载至手机，免费体验高清电子阅读。（新华社记者刘潺摄）

◀2016年4月17日，市民在四川成都春熙路上的方所书店内阅读。（新华社记者薛玉斌摄）

▲ 2017 年 4 月 21 日，朗诵爱好者在朗诵商子秦的《丝路畅想》。当日，陕西省西安市“2017 书香中国”民乐园文化街全民阅读朗诵会启动，朗诵爱好者通过朗诵经典诗篇、散文选段，让市民们感受书籍魅力。（新华社记者刘潇摄）

▲ 2017 年 4 月 23 日，与会嘉宾为第 12 届文津图书奖科普类获奖图书获奖者颁奖后合影。当日，第 12 届文津图书奖颁奖暨“文化行走·悦读海淀”2017 年全民阅读主题系列活动启动仪式在北京举行。（新华社记者张玉薇摄）

◀ 2017 年 9 月 17 日，市民在位于许昌市建安大道上的“智慧阅读空间”阅览图书。（新华社发）

▼ 2017 年 12 月 30 日，西藏图书馆 2017 年度“阅读达人”颁奖活动及迎新读者分享会。西藏图书馆按照读者的图书借阅量、到馆阅读次数、特殊贡献等评选标准，共选出 10 名读者，授予他们西藏图书馆 2017 年度“阅读达人”称号。（新华社记者刘东君摄）

▲ 2018年4月13日，观众在数字阅读发展与技术博览会体验数字阅读。当日，以“新时代、新阅读、新向往”为主题的2018年第四届中国数字阅读大会在浙江杭州西湖文体中心开幕，旨在推动数字阅读产业成果转化、促进出版融合发展、提升全民阅读质量和水平。（新华社记者黄宗治摄）

▲ 2018年4月22日，在石家庄地铁博物院站，乘客手拿免费发放的书籍在交流。当日，为积极响应“全民阅读”号召，石家庄首届“地铁书香 乘读有益”读书日公益活动启动。石家庄地铁博物院站内以活字印刷、竹简等元素装饰的墙体让乘客如入书香的世界，营造出一个具有浓郁文化色彩的读书氛围。（段然行之摄）

▼ 2018年8月15日，读者在上海书展主会场上海展览中心淘书。当日，2018上海书展开幕。在接下来的一周内，500多家出版社、15万种图书、1150多场阅读活动在上海书展主会场上海展览中心和遍布全城的100个分会场汇书成“海”，打造“悦”读之城。（新华社记者任珑摄）

特写：40 年的学习热

上图：1982 年，主持人凯瑟琳（右）和胡文仲在《跟我学》节目的录制现场。
下图：1982 年，在《跟我学》节目录制前，主持人和导演、编导一起商量脚本。（新华社照片）

1978 年，伴随着改革开放大幕的拉起，中国向世界敞开了胸怀，人们的视野豁然开朗，强烈的求知欲和睁眼看世界的愿望，驱使人们如饥似渴地学习英语，英语热成为当时全民学习热的一个典型缩影。

改革开放 40 年，只是弹指一挥间，中华民族却取得了空前的发展。在中国共产党的领导下，以经济建设为中心的正确方针，使我国经济实力得到迅速提高，物质文明得到极大丰富。与此同时，人们深切感受到不断学习、加强自身素质的必要性与迫切性，全国掀起了一片学习的热潮。学英语、学电脑、学技术、学驾驶、学芭蕾、学乐器、学健美、学化妆、学法律、学国学……在各个不同的知识领域，都能看到一双双中国人求知的眼睛。“活到老，学到老”，成了人们生活中不可或缺的重要组成部分。

这些学习热可以分为“技术学习热”和“文化学习热”两大类，两类学习热兴起的背后，均有其深刻的时代与社会背景。改革开放一开始，与国际相接轨，各类新兴的生产和服务部门应运而生，社会急需大量相关技术人才，学英语、学电脑、学驾驶、学技术等热潮便是此种需求的最好体现。而随着改革开放逐渐深入，物质生活大幅提高，相比之下，已有的精神文化生活远远不能满足人们的需要，便兴起了各种文化学习的热潮：学舞蹈、学乐器、学健美、学化妆……40 年间，各种学习热潮相互推动、相互配合，展现出一幅国民振奋精神、奔向美好生活的和谐画卷。

1982 年初，我国第一部原版引进的英国 BBC 情景会话英语教学节目《跟我学》（《FOLLOWME》），开始在中央电视台播出。《跟我学》以一种在日常生活中学习英语的方式，颠覆了中国人以往的“语法英语”和“哑巴英语”，一开播便红遍全国，引发了改革开放后第一波学习英语的热潮。

在经历了《跟我学》一枝独秀后，出现了各种英语教材百花齐放的局面，《走遍美国》、《新概念英语》、《疯狂英语》等知名教材，伴随着大学英语四、六级以及职称英语考试开始等契机，让“英语热”持续升温，而以新东方为代表的一批英语培训机构如雨后春笋般出现，更是让英语发展成一个可以淘金的教育产业。

回顾 40 年间，英语在中国已不仅仅是一门语言，还成为人们开阔眼界、融入世界的工具，英语已完完全全地嵌入到我们的生活中，不断为人们注入长盛不衰的学习热情。

▲ 1985 年，众多英语爱好者在陕西外语进修学院开办的“西安英语世界”活动上用英语会话。

▲ 1986 年 1 月 11 日，山东省昌乐县马宋镇农民在业余法制学校，学习法律知识。

▲ 1992 年 12 月 14 日，京西驾校清晨一景。改革开放以来，汽车驾驶成了中国人最热衷掌握的技能之一。

◀ 1995 年 5 月 6 日，中国建设银行浙江分行职工在杭州电脑俱乐部培训中心学电脑。随着电脑的普及，基本的电脑知识已经成为人们适应社会、从事工作的必备技能之一。

▶ 1999 年 3 月 22 日，从河南来珠海嘉杰发展有限公司工作的“打工妹”王妍，正在广东省珠海市艺海艺术中心舞蹈排练大厅里认真训练。普通百姓学习芭蕾之风渐热，他们并非想圆演员梦，而是追求自身体态仪态之美。

◀ 2004 年 8 月 20 日，北京市西城区展览路街道的孩子在学习有关奥林匹克的英语词汇。

▶ 2017 年 8 月 3 日，孩子们在诵读经典。暑假期间，河北省石家庄市元氏县封龙书院开设夏令营，参加活动的孩子们通过穿汉服、读国学、习礼仪等方式，感知中国传统文化，丰富暑期生活。（新华社记者王晓摄）

9.2 观看 · 艺术

▲ 1971 年 9 月，革命现代京剧《沙家浜》彩色电影剧照，第八场《奔袭》中的一个场面：突击排兼程前往沙家浜。（新华社记者孟庆彪摄）

▲ 1976 年，江苏省吴江县（今苏州市吴江区）锡剧团在黎里公社团结大队演出锡剧移植革命现代京剧《智取威虎山》。（新华社记者方爱玲摄）

▲ 1980 年 10 月，我国第一条彩色电视机生产线在国营天津无线电厂建成并投入试生产。它的设计能力为年产 14 英寸和 22 英寸彩色电视机 15 万台。这条生产线是从日本胜利公司引进并参照我国实际情况设计的，自动化程度高，外形美观，噪音小。图为试生产装配的彩色电视机在通过老化检验。（新华社记者李昌元摄）

▲ 1983 年 2 月 27 日，北京市东城区先进个体户在东单为居民义务修理电视机。（资料照片）

▶ 1989 年 9 月，中国最大的演播厅——彩电中心第 9 演播厅，面积 1000 平方米，专门用来举办大型电视文艺晚会。（新华社记者毕玥年摄）

▶ 2016 年 9 月 20 日，工作人员在首映式现场展示通过裸眼 3D 手机播放宣传片。当日，张家港 3D 城市形象宣传片首映式暨“3D 引领未来视界”推广发布会在江苏张家港举行。微电影式宣传片《听见你的声音》运用 3D 一体机、无人机等专业摄影器材在张家港市近 40 个拍摄地点进行实地取景拍摄，呈现介质囊括手机、电视机等多种平台。（新华社记者季春鹏摄）

▶ 2017 年 8 月 24 日，参观者在北京国际广播电影电视展览会现场通过 VR 技术体验全景视频。（陈晓根摄）

▲ 1979 年，美国著名小提琴家艾萨克·斯特恩访问上海时，为上海音乐工作者和上海音乐学院师生示范、讲学，并进行了个别指导。图为斯特恩为上海音乐学院师生讲学。（杨溥涛摄）

▲ 2017 年 9 月 9 日，上海艾萨克·斯特恩国际小提琴比赛组委会主任、上海交响乐团音乐总监余隆在新闻发布会上介绍比赛规程。（新华社记者任珑摄）

▲ 1987 年，在甘南藏族自治州夏河县一家出售流行歌曲磁带的小店门前。（新华社记者王振山摄）

▲ 1988 年 4 月 21 日晚上，张明敏在天津市人民体育馆作了首次义演。观众为他的义举和歌声打动，竞相与他握手。（新华社发）

◀ 在国内外享有声誉的上海和平饭店咖啡厅的爵士乐队，以演奏 20 世纪四五十年代国际流行歌曲著称，他们出色的演奏受到了来上海的外国游客和商人们的青睐。图为 1988 年 6 月，一位来自美国的商人克莱尔·格林情不自禁地在乐队前引吭高歌。（新华社记者夏道陵摄）

▲ 1992 年，在北京中学生中出现了几十个自发组织的流行音乐演唱小组。他们自写、自谱、自唱反映中学生生活的歌曲。图为 1992 年 8 月，北航附中“心星点点”演唱小组的同学利用暑假在街头公园排练。（新华社记者曾璜摄）

▲ 1993 年 2 月，西藏山南农村的藏族姑娘央宗（中）、卓玛（左）和穷达伴着卡拉 OK 机演唱流行歌曲（新华社发）

◄ 2015 年 11 月 7 日，广场舞爱好者一起跳起《小苹果》。当日，北京红舞联盟组织了近 2 万名广场舞爱好者，在河北香河国安天下第一城城前广场表演广场舞《小苹果》，并以 18431 人的数字创造了新的“最大规模排舞”吉尼斯世界纪录。（新华社记者李俊东摄）

▼ 2018 年 5 月 19 日，“快乐的孩子爱歌唱”乐队在成都来福士商业广场前的指定位置演出，现场聚集起了很多市民。（新华社记者张超群摄）

9.3 | 时尚·流行

中国服饰文化历史悠久，百年不过是其中短暂的瞬间。但20世纪却由于其社会、政治、经济、文化均发生巨大变化，使服装也随之出现频繁的变化。

20世纪二三十年代，清朝的三寸金莲靴、长袍马褂逐渐被西装西帽、锦缎连衣裙所取代。与此同时，在上海还掀起了“旗袍花边运动”，滚缎带、镶蕾丝、缀珠片的旗袍风行一时。

但这种富丽开放的气息却因日本帝国主义的入侵而终止。在战乱和动荡的年月里，人们对服装的需求被降低到以国产土布为代表的“节俭实用为最好”。

1949年新中国成立以后，中国基本处在一个封闭的环境，百废待兴。人们的思想也很单纯，就是要艰苦奋斗、自力更生。“蓝、灰、黑”是当时人们穿衣的“主旋律”。

中国服饰发展的春天与中国人时尚观念的复苏开始于推行改革开放政策的1978年。此后，人们的物质生活不断改善、思想逐渐开放，单调的款式已不能满足人们对着装的要求。大喇叭裤、蝙蝠衫、健美裤和连衣裙开始流行于市民的生活中。

进入新世纪，着装已逐渐成为人们展示自我的一种方式。同时，随着中国综合国力和国际地位的不断提升，具有中国特色的唐装旗袍开始走向世界，中国服装在全球受到注目和尊重。

▶ 1951 年 10 月，身着中山装的机关干部参加欢迎中国人民志愿军战斗英雄代表大会。（资料照片）

▼ 1957 年 2 月，哈尔滨亚麻纺织厂的女工在试穿“布拉吉”。（资料照片）

▲ 1979 年 3 月 19 日，法国著名时装设计师皮尔·卡丹率领的法国模特在北京民族文化宫举行时装表演，让改革开放之初的中国人大开眼界。随着改革开放的进程，人们的物质生活不断改善、思想逐渐开放，单调的款式已不能满足人们对着装的要求。70 年代的绿军装、中山装、工装变成了 80 年代的喇叭裤、健美裤、蝙蝠衫、连衣裙。

▲ 作为第一个进入中国的法国时装设计师，皮尔·卡丹已在中国进行了长达 30 余年的经济和文化交流工作，这使他对中国和中国人民充满了感情。皮尔·卡丹曾表示：“中国人民富于创造精神，因此取得了今天的成就，中国人民异常勤劳，我对他们充满敬意。”图为 2013 年 12 月 2 日，在法国巴黎，皮尔·卡丹走进样品制作间配件配饰库房。（新华社记者陈晓伟摄）

▲ 1982 年 1 月，上海最大的一家理发店——南京理发店新添置了 26 台大型落地吹风机。每天这里接待 250 多名女顾客烫发，星期天增加到 350 至 400 名。（新华社照片）

▲ 1984 年，青年们在北京劳动人民文化宫参加交谊舞会。此时人们的着装已不再千篇一律。（新华社照片）

◀ 1986 年，北京街头几位穿着裙装的姑娘在聊天。长春电影制片厂出品的《街上流行红裙子》让红裙子在 80 年代初受到年轻女性的青睐。（新华社照片）

牛仔裤以粗犷自然、充满激情和活力的风格受到普遍欢迎。然而在很长一段时期内，中国人的服饰款式单一，颜色基本上是蓝色或军绿色。牛仔裤在腹前开叉，被认为“不男不女，颠倒乾坤”和“盲目模仿西方的资产阶级生活方式”等，穿牛仔裤走在街上甚至可能会遭遇“剪无赦”。

1978 年，改革开放的春风吹拂中国大地，服装的变化成为改革开放最直观的信号。1979 年，《中国青年》杂志发表《谈引导——从青年人的发式和裤脚谈起》：“头发的长短、裤脚的大小和思想的好坏并没有必然的联系。”再后来美国大片《霹雳舞》登陆中国，紧身牛仔裤迅速成为“时尚青年”的典型服装。

随着国家的发展和时代的变迁，牛仔裤以其实用性和时尚感为社会各界广泛接受。今天，牛仔裤已经风靡中国，成为男女老少衣橱里最常见的休闲服饰。

▲ 1987 年，上海年轻人穿着流行的粗线毛衣和牛仔裤。

▲ 2015 年 4 月 16 日，模特在展示原创设计服装。中国服装设计师原创基地以打造中国元素、中国文化为目的，以“新锐设计师原创”为核心，打造集面辅料供应、服装加工、创意设计、品牌孵化、互联网营销和物流配送等一体的互动产业生态圈。基地第一期开放 300 个设计工作室，汇聚 1000 多名设计师。（新华社记者徐昱摄）

▲ 2017 年 7 月 16 日，模特在展示融入彝族元素的服饰。传统火把节来临之际，七彩云南 2017 民族赛装文化节颁奖典礼在云南楚雄市彝州大剧院举行，来自云南省 25 个少数民族的服饰与融入彝族元素的时尚服装共同上演了一场民族时尚秀。（新华社记者杨宗友摄）

▲ 2017 年 9 月 19 日，在苏州市吴江区盛泽镇“鼎盛丝绸”公司，工作人员在展示一款宋锦长巾。宋锦是主产于苏州的传统丝制工艺品，其织造技艺始于宋代末年。（新华社记者季春鹏摄）

▲ 2018 年 3 月 30 日，模特在江苏省首届丝绸行业摄影大赛颁奖仪式上展示宋锦时装。（新华社记者杨磊摄）

9.4 | 婚礼 · 幸福

童养媳、包办婚姻、纳妾、一夫多妻…… 这些现象在旧中国随处可见。

1950 年，我国颁布了第一部《婚姻法》，废除包办强迫、男尊女卑、漠视子女利益的封建主义婚姻制度，实行男女婚姻自由、一夫一妻、男女权利平等、保护妇女和子女合法利益的新民主主义婚姻制度。1980 年，《婚姻法》进行了修订，一个突出贡献是增加了计划生育原则。这条原则对后来中国人婚姻观念和家庭结构的变革产生了重要影响；2001 年，《婚姻法》修正案的重要变化是为弱势群体设计了更多保障性规定。

“死生契阔，与子相悦；执子之手，与子偕老。”结婚在每个人的生命中是一件非常重要的事情。70 年来，中国的婚姻家庭随着社会的进步和发展而产生了巨大变化。我们在这些图片中不但可以看到婚姻的变迁，也可以看到在婚姻背后中国政治、经济、文化的变迁。

作为“终身大事”，结婚一直是每个中国家庭最为看重的喜庆活动，如何庆祝、如何举行仪式，不同年代的人们都有不同的选择。在改革开放的大潮中，伴随着物质生活的日渐丰富，接触外来文化的机会日益增多，人们的婚俗观念愈发开放、多元，统一固定的结婚模式也在简和繁、朴与华、传统与现代的摇摆之中，有了越来越宽的选择空间。

▶ 1957年春节，辽宁沈阳风动工具厂的工人鞠复海（新郎）和俞凤仙（新娘）在婚礼仪式上接受朋友们的祝贺。（新华社发）

◀ 1979年，共青团武汉市委为59对青年男女举行集体结婚典礼，并向他们赠送纪念品。（新华社照片）

▶ 1981年12月27日，在首都的一辆公共汽车上，新娘吴树润（北京皮件厂司机）在新郎李长乐（北京长空机械厂司机）陪同下，换乘三次公共汽车由女家到男家举行婚礼。（新华社发/资料照片）

▲ 1987 年 5 月 1 日，辽宁省丹东汽车制造厂 23 对新婚夫妇在北京天安门广场冒着蒙蒙细雨拍照留念。他们是在厂里参加集体婚礼后来北京旅游的，旅游结婚开始在当时的年轻人中流行。（新华社照片）

▲ 1987 年 3 月，安徽省灵璧县杨疃区一对新婚夫妇在婚礼上接受人们的祝福。（新华社照片）

▲ 1988 年 11 月，一对新人在北京一家照相馆拍结婚照。（新华社照片）

▲ 1990 年春节前后，在陕西西安“飞机城”阎良区，胸挂红花的新郎用自行车驮着新娘经过街头。那个年代，用自行车接新娘曾经一度成为流行的结婚方式。（新华社照片）

▲ 1992 年 11 月 17 日，拉萨城关区蔡公堂乡农民巴桑扎西和次仁索朗举办婚礼，以“自助餐”的方式接待八方来客。以往只在饭店中出现的“自助餐”走进了平常百姓家。（新华社记者土登摄）

▲ 1993 年 12 月 19 日，在北京一家婚庆服务公司的罗马式婚礼大堂内，一对年轻人在举行欧式风格婚礼。（新华社记者张旭摄）

▲ 1997 年夏，藏族青年摄影家觉果和汉族姑娘廖勤在藏北纳木湖畔举行婚礼。（新华社照片）

▲ 2003 年 1 月 9 日，浙江省温岭市石塘镇新进村的一对青年农民丁从高和洪灵红为自己的婚礼拍摄 MTV。当时，拍摄 MTV 是青年男女举行婚礼的一种时尚消费。（新华社照片）

▲ 2007 年 6 月 16 日，在俄罗斯圣彼得堡市，身着中国传统服饰的 29 对中国新人在玫瑰婚典结束时抛花束。这是中国新人第一次在俄罗斯举行集体婚礼。（新华社照片）

▲ 2017 年 8 月 26 日，山东烟台海昌鲸鲨海洋公园的潜水员们化身成一对“新人”，在海洋动物的环绕下表演“水下婚礼秀”，用唯美浪漫的表演迎接七夕的到来。（新华社发 / 唐克摄）

▲ 2018 年 2 月 3 日，新娘们在汉式集体婚礼现场。春节前夕，河北省邢台市南和农业嘉年华举办“倡导文明新风 感受传统文化”汉式集体婚礼，23 对新人身着汉服以传统古典婚仪形式喜结良缘，感受传统文化魅力，喜迎新春佳节。（新华社记者朱旭东摄）

▲ 2018 年 4 月 21 日，108 对新杭州人在集体婚礼中。当日，“爱在杭州 · 圆梦新时代”2018 新杭州人新婚盛典在杭州市职工文化中心举行，108 对外地来杭州工作和生活的新杭州人在新婚盛典中宣誓永结同心。（新华社发 / 李忠摄）

第 10 篇

生态文明篇

从环境问题治理到生态文明建设

10.1 | 碧水长流：治污

▲ 1979 年 11 月，广西桂林市卫生防疫站为了预防工业废水对环境的污染，采取了各种有效措施，取得良好效果。图为化验人员正在对漓江进行定期水质采样化验。（李大平摄）

广西桂林以“甲天下”的山水闻名于世，这里洞美、山奇，而横贯其间的漓江像一条绿色的缎带把这些美丽的风景连在一起。

漓江是桂林的主要河流，它由北向南，绵延 86 公里。在 20 世纪六七十年代，由于桂林工业布局不合理，造成了该地区大气、水体严重污染，漓江水质也遭到了破坏；同时，因砍伐水源林，使漓江水流量减少，漓江失去了原来的面目。

20 世纪 80 年代初，为了减轻对漓江的污染，桂林市对市内工业布局作了大幅度调整：全市关闭了占当时工业生产能力 1/3 的 27 家工厂和车间，从市区搬迁了十几家有污染的工业企业，重点发展电子等污染少的工业。

▶ 1985 年投产的桂林市垃圾处理厂，日处理垃圾 180 吨。（新华社记者熊春雷摄）

20世纪90年代，桂林市先后建成3座污水处理厂。1987年，桂林市利用国家3000万元拨款完成了青狮潭水库加固和河道整治，每年枯水期给漓江补水1亿立方米，大大改善了漓江的通航条件。1993年至1995年5月，市政府拨专款整治了漓江伏波山至象鼻山河段，不仅改变了漓江两岸的景色，还净化了市区环境。桂林市还调整城市功能布局，规划了新的西城工业区和高新技术产业开发区，使城市的建设和发展与桂林作为旅游名城的性质相适应。市区内还兴建了一批密封垃圾转运站、石油液化气站，减少了污水、垃圾和燃煤引起的污染。

▲ 受沿江工厂及城市污水污染严重的广西桂林漓江，经过10年的全面综合治理，重现山清水秀的风采。图为1989年6月，外国游客兴致盎然地游漓江。（新华社记者熊春雷摄）

1996年7月12日，坐落在漓江东岸的桂林市七里店污水净化厂。该厂日处理污水4万吨，是桂林市最大的污水处理厂。（新华社记者陈瑞华摄）

▲ 2012 年 7 月 8 日，桂林漓江云雾景观。（王崔荣摄）

▲ 2014 年 6 月 29 日，一村民驾着排筏从漓江上驶过。（新华社记者陆波岸摄）

2016 年 12 月 10 日，在广西桂林市七星区竹江村，游客在漓江边拍摄晨雾美景。当日，广西桂林市漓江江畔晨雾缭绕，似人间仙境。（王滋创摄）

▲ 关停前的位于桂林市灵川县大圩镇的一家采石场（资料照片）。2016 年 7 月中旬，在广西桂林阳朔县葡萄镇的东风采石场内，烟尘滚滚、机器轰鸣的景象已不复存在，原本裸露在外的石头已经被一排排抽出新芽的桂花树所覆盖，工人们正在撒播草种，对场地进行复绿作业。

▲ 2016 年 7 月 15 日，一名工人在桂林市阳朔县葡萄镇的一家采石场旧址上养护桂花树苗。（新华社记者任鹏飞摄）

10.2 青山不老：护绿

位于太行山东南端的山西省长治市壶关县，地处石厚土薄的丘陵山区，气候干旱少雨。全县到处是贫瘠的干石山，树少草稀，植被覆盖率低，水土流失严重。为改变落后面貌，1978 年，一场全民参与的植树造林行动在壶关县拉开序幕。40 年来，壶关县的森林覆盖率由 7% 提高到 52.6%。

在干石山上栽树面临的最大问题是成活难。壶关县农民王五全经过反复试验发明了“干石山上栽油松”的技术，解决了干石山上栽不活树的难题。该技术在全县推广后，一场绿化接力就此开始。一代代壶关人手手相传，栽绿了一片片山坡。

造林难，护林更难。冬春之际林火频发，当地政府号召各乡镇搬起石头垒墙，保护绿色家园。目前，壶关县森林防护墙已达 1 万余里。绿色覆盖的崇山峻岭间，宛如长城般的白色石墙与绿林交相辉映。

绿化成果来之不易，1449 位专业护林员穿梭在壶关县的莽莽林海间，和森林防火墙一起，守护着日渐葱郁的家乡。为培养护林防火意识，壶关县积极推进防火宣传进校园，让每个学生做家庭护林防火小监督员。

百万亩森林正在成为群众身边的“绿色银行”。成片的油松林，为当地群众提供了丰富的松针、松花粉、松子、松蘑等林副产品。依托良好的生态环境和丰富的旅游资源，壶关县大力发展生态旅游产业，绿意盎然的太行山大峡谷景区让来自天南海北的游客流连忘返。

现在，壶关县的全民造林行动仍在继续，23 家造林合作社的 700 多位专业人员正在将科学有效的绿化造林方法推广到太行山的更深处。

太行山上的"绿色长征"

▲ 上图：治理前，山西省壶关县随处可见贫瘠的山沟。（资料照片）
下图：2018 年 5 月 22 日，壶关县十里岭附近青山环绕的村庄。（新华社记者曹阳摄）

▲ 2018 年 5 月 24 日，壶关县十里岭。十里岭位于壶关县晋庄、店上、石坡三乡镇交界处，曾经植被稀少，经过几十年的植绿护绿，如今的十里岭绿化面积达到 5.3 万亩，森林覆盖率达到 85% 以上。（杨晨光摄）

▲ 2018 年 5 月 24 日，绿意盎然的壶关县太行山大峡谷。（新华社记者曹阳摄）

▲“功勋树”资料照片。

▲1978年，河北省围场县塞罕坝机械林场为了保护森林资源，巩固造林成果，注意做好灭虫防病工作，有效地控制了主要林区病虫害的发生和蔓延。图为职工用机动喷雾机喷撒药粉。（新华社记者赵连升摄）

▲1979年，河北省塞罕坝机械林场实现了育苗播种机械化，建成了可供年造林8万亩到9万亩的500亩苗圃。图为阴河分场三道沟苗圃培育的树苗。（新华社记者赵连升摄）

塞罕坝：生态文明建设范例

首都北京向北400多公里，河北省最北端。一弯深深的绿色镶嵌于此，占地9.3万公顷。她叫塞罕坝。

由于历史上的过度采伐，土地日渐贫瘠，北方沙漠的风沙可以肆无忌惮地刮入北京。1962年，数百名务林人开始在这一地区种植树木，经过三代人的努力，将森林覆盖率从11.4%提高到80%。

在中国森林分布图上，相对于全国2亿多公顷的森林面积，这112万亩的人工林似乎有些微不足道。在中国沙化荒漠化分布图上，地处风沙前缘的这一弯绿色，却显得弥足珍贵。

她，每年为京津地区输送净水1.37亿立方米、释放氧气55万吨，是守卫京津的重要生态屏障。

三代人，55年。将昔日飞鸟不栖、黄沙遮天的荒原，变成百万亩人工林海，相当于为每3个中国人种下一棵树，创造出当之无愧的生态文明建设范例。

为什么是塞罕坝？

循着绿色的召唤，穿行在她的林海里，从每棵树、每个塞罕坝人身上，我们找到了答案。这就是矢志不渝的拼搏和奉献，对绿色理念的彻悟和坚守，对中华民族永续发展的使命和担当。

2017年12月5日，联合国环境规划署宣布，中国塞罕坝林场建设者获得2017年联合国环保最高荣誉——“地球卫士奖”。

▶ 2013 年 7 月 11 日，工人在河北塞罕坝机械林场千层板林场内运输苗木。（新华社发）

▶ 2017 年 7 月 11 日，游客在塞罕坝国家森林公园七星湖景区游玩。（新华社记者王晓摄）

▶ 塞罕坝美景。（资料照片 / 王龙摄）

特写：三代人与一片沙

▲ 20 世纪 90 年代初，石满（左）、贺发林（右）在八步沙治沙造林。（新华社记者李生才摄）

▲ 当年六老汉在所住的地窝子前生火做饭。（资料照片）

▲ 2018 年 5 月 20 日，八步沙林场的院子。（新华社记者范培珅摄）

八步沙，位于腾格里沙漠南缘，是甘肃省古浪县最大的风沙口。20 世纪 80 年代，沙化以每年 7.5 米的速度向村庄和农田推进。当地六位年龄加在一起共 300 多岁的老汉，在一份承包沙漠的合同书上按下手印，誓用白发换绿洲。

近 40 年过去，六老汉的后代“六兄弟”接过父辈的铁锹，把黄沙变林场，把林场变公司。而今，他们在沙漠里封沙育林达 35 万亩，植树 3000 万株。八步沙，昔日的风沙口变成绿意盎然的沙漠观光林场，每年四五月份，柠条、沙棘、红柳竞相花开，缤纷一片。

“六兄弟”曾经印过一张名片，背后是一幅绿茵茵的生态家园图：山岳染绿，花开点点，雁阵轻翔。那是治沙人不懈追求的美丽梦想。“六兄弟”幸运地赶上了这个“绿水青山就是金山银山”的新时代，他们的梦想正逐步变成现实。

▶ 2000 年，年近 70 的罗元奎和石满老汉的儿子石银山（右）一起栽种树苗。（新华社记者韩传号摄）

◀ 2002 年，六老汉之一张润元（中）与晚辈一起上山劳动。（新华社记者韩传号摄）

▶ 2018 年 5 月 20 日，八步沙林场场长郭万刚（左）和侄子郭玺在八步沙林场瞭望塔查看八步沙防沙治沙情况。2017 年春天，郭万刚的侄子郭玺加入林场，成为八步沙第三代治沙人。

◀ 2018 年 5 月 21 日，八步沙第二代治沙人，从左往右依次为罗兴全、王志鹏、石银山、郭万刚、程生学、贺中强。（新华社记者范培珅摄）

▶ 六老汉（资料照片）及其后代。

10.3 | 绿色之路：生态富民

国家生态文明试验区贵州的"绿色之路"

2018 年，在巴林召开的第 42 届世界自然遗产大会传来消息，贵州梵净山被列入世界遗产名录，成为中国第 53 处世界遗产和第 13 处世界自然遗产。

贵州，中国山地省，八山一水一分田。以梵净山为代表，山山有美景，处处是公园。同时，这里又是中国石漠化面积最大的区域，在脆弱的生态环境中，还生活着 280 万农村贫困人口。

生活贫困往往与生态恶化交织，经济高速发展的背后也存在牺牲环境质量的忧虑。在生态和发展"双重压力"下的贵州，坚持生态优先、绿色发展，走出了人与自然和谐、经济与生态相融的"绿色之路"。

◂ 1996 年 3 月，贵州盘县农民土法炼焦，对当地环境造成了严重影响。贵州是世界喀斯特地貌最集中的地区之一，碳酸盐岩出露地面积近 13 万平方公里，占全省总面积的 73%。贵州山区农民私人开采冶炼开始于 1984 年，在贵州西部地区一度每个村庄都有矿场，家家户户都有土窑。这种不计后果的开采冶炼确实改善了当地农民眼前的生活状况。但环境却不可避免地恶化了。至 1996 年，贵州硫磺产量最大的毕节地区，已有 1000 平方公里的土地遭到严重污染，其中 390 平方公里变成不毛之地，损失耕地近万亩。（周浩摄）

▲ 2001年5月14日，乌江边成片的水泥厂上空烟尘弥漫。乌江是长江上游的一条重要支流，发源于贵州省，蜿蜒奔腾，在三峡库区东部涪陵注入长江。乌江流经区域多为高山峡谷，江水墨绿，水质极佳，沿岸峰峦叠翠，素有“乌江画廊”之称。曾几何时，乌江涪陵至武隆段短短几十公里的江边，建起大大小小近20座水泥厂，不仅严重破坏了乌江秀美的自然景观，大面积开山取料还破坏了乌江岸边的植被和山体。水泥生产严重影响着乌江水质，粉尘污染更直接威胁着工厂附近人们的健康。（新华社记者于杰摄）

▲ 2017年9月18日，黔东南苗族侗族自治州榕江县郊外的梯田风光。（新华社记者刘续摄）

▼ 2017年8月23日，六盘水市水城县龙池公园风景。（新华社记者陶亮摄）

◀ 2018年3月9日，六盘水市六枝特区木岗镇的油菜花田。（新华社记者陶亮摄）

◀ 2018年6月5日，游客在安顺市黄果树瀑布景区游览。（杨文斌摄）

▶ 2018年7月3日，青山围绕的贵阳市城区一隅。（新华社记者陶亮摄）

浙江滕头村：生态富民 绿色发展谱新篇

每天，在浙江省宁波市奉化区滕头村，熙熙攘攘的游客坐着新开通的观光小火车，穿行于绿野阡陌，沿途清清渠水绕村庄，绿树成荫花果香，江南田园乡村美景尽收眼底。

滕头村原是一个远近闻名的穷村，当时有民谣“田不平，路不平，亩产只有二百零，有囡不嫁滕头村”。从 1965 年起，滕头村先后迈出改土造田、旧村改造、兴办企业、发展三产四大步，实现了由温饱到小康、由小康到富裕的跨越式发展。近年来，滕头村致力于发展旅游经济和绿色生态产业，已成为全国闻名的富裕村、生态村、样板村。

如今，只有 355 户、887 人的滕头村已成为国家 5A 级景区和生态旅游示范区，2017 年接待游客超 123 万人次，旅游综合收入 1.31 亿元。2017 年村集体收益 90 多亿元。滕头村已构筑起生态农业、低碳工业、特色产业联动发展的产业新格局。

上图：20 世纪 70 年代滕头村原貌。（资料照片）
下图：2018 年 3 月 3 日无人机航拍的滕头村景色。（新华社记者黄宗治摄）

上图：2018年7月5日，正在建设中的滕头村精品酒店、生态农庄项目。（新华社记者黄宗治摄）

中图：2018年7月4日，服务员在“滕头生态酒店”内为顾客上菜。生态酒店结合滕头村的园林绿化和生态餐饮的优势，在浙江省宁波市内发展了3家连锁酒店。（新华社记者黄宗治摄）

下图：2018年7月5日，游客在滕头村的上海世博会乡村案例馆参观。（新华社记者黄宗治摄）

绿色生产

▲ 2017年9月21日，农民在河北省滦县小马庄镇北京二商集团蔬菜基地内将采摘的西红柿装箱。近年来，滦县加快新型农业经营体系建设，瞄准服务京津市场菜篮子，引导扶持农民种植绿色无公害蔬菜，使其规模化、标准化、产业集群化发展。（新华社记者牟宇摄）

► 2017年6月6日，泉盈科技大型海洋生态综合项目一角。位于福建省诏安县的泉盈科技大型海洋生态综合项目引进节能环保的零排放再循环水养殖系统，在室内发展“蓝色经济”。（新华社记者宋为伟摄）

特写：余村——从“靠山吃山”到“两山”实践

湖州市安吉县余村——

这个地处偏僻的山村，改革开放后做起了“靠山吃山”的文章，办起多个水泥厂。余村也一度变成了“首富村”，但随之而来的是，秀美的山村变成开不得门窗的肮脏小村。

2003 年，浙江提出要建设生态省，安吉县编制创建了首个生态县规划，余村的矿山开发也就无法进行下去了。于是全村民主决策，决定关闭矿山，搞旅游开发。

2005 年，习近平同志在安吉县余村调研时提出“绿水青山就是金山银山”，给当地干部群众指明了一条实现“绿富美”的康庄大道。十多年来，余村坚定践行“两山”重要思想，不但护美了绿水青山，也做大了金山银山。

从 2013 年开始，余村对村庄内部进行生态修复，48 家工业企业全部关停，家家户户通自来水，实现污水纳管，每个自然村的围墙立面不再是单调的白色，而是绘制了五彩斑斓的墙体画。

近年来，浙江省安吉县余村积极建设“美丽乡村”，努力将当地“绿水青山”的环境优势转化为建设“金

◀2018 年 3 月 23 日，游客在浙江省安吉县天荒坪镇余村留影。近年来，余村坚持围绕“环境优美、生活甜美、社会和美”目标，大力开展生态文明建设，先后关停矿山、水泥厂及一大批竹筷企业，集中精力发展休闲旅游经济。（新华社记者黄宗治摄）

左图：浙江省湖州市安吉县天荒坪镇余村 20 世纪 80 年代的资料照片。
右图：2018 年 4 月 24 日，游客在整修一新的余村游览拍照。（新华社记者翁忻旸摄）

山银山”的现实生产力。现在，余村村集体的经济收入又回升到了 380 万元，农村人均纯收入超 4 万元，年均分别增长 25%、15%。

目前，余村已建成具有生态旅游区、美丽宜居区和田园观光区的国家 3A 级景区，并荣获全国生态文化村和浙江省首批全面小康建设示范村等称号。2017 年，余村接待海内外游客约 40 万人次。

余村党支部书记潘文革在接受新华社记者采访时说，新时代要有新作为，要认真落实十九大报告提出的乡村振兴战略，把余村建设成为村强、民富、景美、人和的文明乡村样板。

10.4 | 美丽中国：书写新的“绿色传奇”

“还老百姓蓝天白云、繁星闪烁”“还给老百姓清水绿岸、鱼翔浅底的景象”“为老百姓留住鸟语花香田园风光”……

针对导致发展不可持续和人民群众反映强烈的生态环境恶化问题，以习近平同志为核心的党中央果断决定把生态文明建设放在更加突出的位置，作为“五位一体”总体布局和“四个全面”战略布局的重要内容。

党的十八大以来，党中央着眼于中华民族永续发展的千年大计，大力推进生态文明建设，出台《生态文明体制改革总体方案》，实施“史上最严”的新环保法，将生态文明建设目标纳入干部考核……

从打赢蓝天保卫战到水污染防治、土壤污染防治、农村人居环境整治，解决突出生态环境问题成为民生优先领域，污染防治攻坚战纵深突破，生态环境保护全面进展。

5 年来，浙江的“千万工程”成效显著，长江生态环境加快修复，黄土高原萌生新绿，塞罕坝的林海郁郁苍苍，中华大地上的绿色传奇，无不有力诠释着“绿水青山就是金山银山”的理念。

▲ 2017 年 6 月 16 日，福建省武平县万安镇捷文村村民李桂林展示林权改革后领到的全国第一本新式林权证。（新华社记者林善传摄）

▼ 2017 年 6 月 22 日，福建省永安市竹天下文化广场的竹集成材环保家居屏风。这是一场开创历史的改革，发轫于八闽大地，功成于全国，带来了我国农村生产力的又一次大解放；这是一场意义深远的改革，触及产权问题核心，惠农利民，增进我国亿万林农实实在在的获得感；这是一场不停步的改革，从绿色生产到绿色生活，在生态文明建设中不断把改革推向深入。却顾所来径，苍苍横翠微。影响深远的集体林权制度改革，肇始于福建省武平县的一个穷山村，成为继家庭联产承包责任制后农民的又一大创造。（新华社记者林善传摄）

◀ 2017 年 1 月 6 日，云南昆明福海街道办新河社区的村级河长杨枫（前中）和工作人员在流入滇池的船房河上打捞垃圾和杂物。“河长制”是中国生态文明建设的一个新实践。（新华社记者蔺以光摄）

▶ 2018 年 4 月 3 日，新疆福海县福海镇赫勒社区的工作人员在乌伦古湖旁巡查（无人机拍摄）。自全面实施“河（湖）长制”以来，新疆福海县对域内河湖状况摸底调查，编制了“一河（湖）一策”方案，建立了县乡两级河（湖）长制组织体系。为加强督查，当地还聘请老党员、基层群众等社会监督员，对湖长履职情况进行监督。（新华社记者胡虎虎摄）

2017 年 11 月 14 日，图中下方是工作人员在滇池上准备打捞垃圾和杂物，上方是游客乘坐缆车在观赏滇池景色。云南省昆明市滇池流域自 2008 年以来实行“河长制”，河道生态环境和水质得到明显改善。2018 年 7 月 17 日，在北京举行的全面建立河长制新闻发布会上，水利部部长鄂竟平表示，截至 2018 年 6 月底，全国 31 个省（自治区、直辖市）已全面建立“河长制”，共明确省、市、县、乡四级河长 30 多万名，另有 29 个省份设立村级河长 76 万多名，打通了“河长制”“最后一公里”。（新华社记者蔺以光摄）

能源护美绿水青山

2014 年 9 月 15 日，糯扎渡水电站。糯扎渡水电站横拦澜沧江，位于云南普洱市境内，因攻破世界级水利难关而收获了多项第一。更为重要的是，糯扎渡水电站积极探索研究保护环境和生物多样性的措施，稳步推进水电开发的生态文明建设，在打造水电开发与生态保护的双赢路上留下了独特的生态印迹。（新华社发）

◀ 2016 年 12 月 31 日，装机 100 兆瓦的浙江慈溪“渔光互补”光伏发电项目一期。（新华社记者徐昱摄）

▶ 2018 年 6 月 21 日，工作人员在对“渔光互补”光伏发电设备进行年中检查，保障夏季高温天气下光伏设备安全稳定运行。浙江省湖州市和孚镇的“渔光互补”光伏发电项目建设在 4200 多亩鱼塘上，40 多万块太阳能光伏板下养殖小龙虾和青虾等水产，千亩鱼塘与绿色光伏电站构成一幅和谐的生态美景图。近年来，浙江省湖州市坚持“绿水青山就是金山银山”理念，以“渔光互补”“农光互补”“屋顶光伏”等多种形式大力发展光伏发电等清洁能源，积极构建清洁低碳、安全高效的现代能源体系，护美绿水青山。2018 年 1 月至 5 月，湖州市新能源发电装机达到 143 万千瓦，比 2017 年同期增长 81%。全市光伏、风能等新能源累计发电量 6.41 亿千瓦时，同比增长 44%。（新华社记者徐昱摄）

青藏高原：生态安全的屏障

国务院新闻办公室 2018 年 7 月 18 日发表的《青藏高原生态文明建设状况》白皮书说，青藏高原地区仍然是地球上最洁净的地区之一。

青藏高原位于中国西南部，包括西藏和青海两省区全部以及四川、云南、甘肃和新疆等四省区部分地区，总面积约 260 万平方公里，大部分地区海拔超过 4000 米。青藏高原被誉为“世界屋脊”“地球第三极”“亚洲水塔”，是珍稀野生动物的天然栖息地和高原物种基因库，是中国乃至亚洲重要的生态安全屏障，是中国生态文明建设的重点地区之一。

◀ 2015 年 5 月 19 日，一只藏羚羊在可可西里地区觅食。（新华社记者吴刚摄）

▶ 2015 年 9 月 15 日，在青海果洛藏族自治州达日县的黄河大桥上拍摄的达日河风光。位于青藏高原腹地的三江源地区，是长江、黄河和澜沧江的发源地，养育了江河中下游地区超过 6 亿人口，是我国最重要的生态功能区之一，有着“中华水塔”之美誉。2005 年，我国启动三江源生态保护一期工程，在草原植被恢复、沙漠化治理等生态修复领域投入资金 86.5 亿元。2014 年，治理面积更广、标准更严格的三江源生态保护二期工程接续启动。（新华社记者吴刚摄）

▶ 2017 年 5 月 17 日，西藏日喀则市定日县珠穆朗玛峰脚下夏堆村村民通过人工引水给夏让湿地补水。（新华社记者普布扎西摄）

▶ 2017 年 6 月 21 日，甘肃省甘南藏族自治州扎尕那云雾缭绕。（新华社记者陈斌摄）

▶ 2018 年 3 月 11 日，西藏昌都市芒康县境内的千年古盐田。（新华社记者晋美多吉摄）

废弃矿山治理

◀ 2016年6月14日，俯瞰埭溪镇东红村千亩茶山。从2016年春季开始，浙江省湖州市吴兴区埭溪镇东红村的废弃矿山婆棚山被改造成了千亩茶山。（新华社记者徐昱摄）

▼ 上图：2010年7月11日，正在进行生态修复的七凤钨矿废弃矿区。

下图：2016年12月14日，已经完成生态修复的七凤钨矿废弃矿区。经过几十年的采挖，广西南宁市武鸣区两江镇大明山露天矿山七凤钨矿矿区一度成为水体污染严重废弃矿区，随时可能发生滑坡、坍陷等地质灾害。2008年开始，当地引进有关企业着手对这片矿区进行改造，清理矿洞及地表松石，逐步恢复矿区生态。至2016年，这里呈现出天蓝水清、绿草茵茵的良好生态。一个曾经陷入生态死海的山窝重焕生机与活力。（新华社记者陆波岸摄）

▼ 上图：2007年4月2日，治理前的金银山山石裸露。

下图：2017年3月26日，治理后的广西柳州市金银山长满绿植。近年来，为解决废弃采石场带来的沙尘、坠石等问题，广西柳州市对裸露的采石场山体进行生态修复。通过在适宜的山体上搭建钢筋混凝土V型槽和混喷的方法，开辟出了一片片植树种草的空间，并在其间搭建起供给水和养料的管道。（黎寒池摄）

▶ 2017年8月9日，河北省衡水市冀州区滨湖公园一角。衡水市冀州区滨湖公园位于衡水湖南岸，原来是一片盐碱荒地。近年来，冀州区加强衡水湖周边环境治理，通过微地形处理、栽植绿化、水系连通等措施，把过去的盐碱地建成了一座生态公园，绿化面积129万平方米，生态环境明显改善，成为市民休闲游玩的好去处。（新华社记者牟宇摄）

◀ 上图：2014年，广东茂名油页岩露天矿垃圾遍地。

下图：2017年8月17日，生态改造后的广东茂名露天矿生态公园。4年前，这里还是一个被废弃的油页岩大矿坑，垃圾遍地、污水横流，被当地人痛心地称为这座城市的“伤疤”。（新华社记者张若玄摄）

2017年8月18日，广东茂名露天矿生态公园。（新华社记者张若玄摄）

蓝天保卫战

生态兴则文明兴。一个天蓝、地净、水清的美丽中国，是全国人民的共同期盼。党的十八大以来，以习近平同志为核心的党中央高度重视生态文明建设，坚决向污染宣战。

2018 年 7 月 9 日，人民大会堂全国人大常委会会议厅。十三届全国人大常委会专门加开会议，审议大气污染防治法执法检查报告。这份广受关注的报告，反映了当前各地贯彻实施大气污染防治法的现状，提出了中肯的建议。

▸ 2013 年 11 月 1 日，河北省唐县环保局的工作人员在对一处查封的白灰窑进行检查。为应对京津冀及周边地区大气污染，唐县关停辖区内所有工艺落后、污染严重的白灰土窑，并引导少数白灰生产企业建成环保机械化立窑。（新华社记者朱旭东摄）

2015 年 11 月 6 日，位于大青山国家级自然保护区南侧边缘的一家违法建材企业的库房被依法拆除。（新华社记者刘懿德摄）

▶ 2017 年 7 月 30 日，内蒙古呼和浩特大青山。（新华社记者任军川摄）

▶ 2017 年 9 月 29 日，河北省邢台市德龙钢铁有限公司 2 号竖炉被拆除。（新华社记者牟宇摄）

▶ 2017 年 11 月 5 日，在山东省滨州市博兴县一处建筑工地，一名建筑工人操作“环保除尘雾炮机”降低施工现场扬尘污染。（陈彬摄）

中国湿地

截至2018年，我国湿地面积8.04亿亩，位居亚洲第一、世界第四。据国家林业和草原局统计，我国共有国际重要湿地57个、湿地自然保护区602个、国家湿地公园898个，湿地生态系统中有湿地植物4220种、动物2312种，湿地保护率达到49.03%。

▲ 2017年12月18日，江西省九江市都昌县鄱阳湖湿地。（傅建斌摄）

▼ 2018年1月25日，在江苏盐城大丰黄海湿地麋鹿自然保护区内，麋鹿在觅食。（贺敬华摄）

◂ 2018年2月2日，白天鹅在河南省三门峡市黄河湿地栖息。（新华社记者孙志平摄）

▸ 2018年3月11日，黑颈鹤和水鸟在云南省迪庆藏族自治州香格里拉市纳帕海自然保护区栖息，该保护区拥有完整的高原湿地生态系统。（新华社记者胡超摄）

◂ 2018年4月26日，白鹤群在位于吉林省白城市镇赉县的莫莫格湿地翔集。（新华社记者王昊飞摄）

2018年5月30日，海口市琼山区云龙镇的村镇掩映在绿树和湿地中。近年来，海口市用生态修复的方法对山水林田湖草进行一体化生态修复。截至2018年5月，海口市共消除黑臭水体面积逾720万平方米，建成区32条水体中31条告别黑臭。据介绍，海口生态修复带动湿地入城，不仅改善水体水质，增强生态自我修复的能力，还在抵御洪水、调节径流、调节气候等方面起到重要作用。（新华社记者赵颖全摄）

美丽中国：书写新的“绿色传奇”

▲ 2017 年 10 月 13 日，内蒙古额济纳旗胡杨林金秋美景。（新华社记者李晓果摄）

2018 年 6 月 24 日，东营市黄河入海口黄河与渤海交汇的画面。母亲河黄河发源于青藏高原的巴颜喀拉山脉，在山东省东营市汇入渤海。作为黄河入海的地方，东营市深化生态文明理念，以占地 1530 平方公里黄河三角洲国家级自然保护区为重点，着力打造“湿地之城”。如今，“湿地之中有城市，城市之中有湿地”已成为东营市一张靓丽的生态文明名片。（新华社记者朱峥摄）

2018 年 6 月 21 日，西安浐灞生态区内的西安世博园。（新华社记者邵瑞摄）

▼ 2018 年 6 月 2 日，陕西省汉中市洋县四郎镇田岭村的一片密林里，在巢里看守的朱鹮保护着幼鸟。（新华社记者陶明摄）

▼ 2018 年 7 月 17 日，云雾缭绕的宁夏彭阳县金鸡坪梯田公园。宁夏固原市彭阳县数十万亩旱作梯田在曙光中迎来云海景观，层叠的梯田间云雾缭绕，宛如仙境。据了解，彭阳县自 1983 年建县以来，始终坚持生态立县的理念，积极推进植树造林事业，全县林木保存面积由 1983 年的 27 万亩，增长到 2018 年的 203.87 万亩，森林覆盖率达到 27.5%。（新华社记者王鹏摄）

◄ 2018年7月17日，空中俯瞰淳安经济开发区珍珠广场前的沿湖景观带。浙江省杭州市淳安经济开发区地处国家级森林公园、国家5A级景区——千岛湖畔，建区25年以来，开发区一直坚持生态门槛，严格把好环保关。近年来，淳安经济开发区积极践行“绿水青山就是金山银山”的发展理念，按照生态经济化、经济生态化的要求，加强河道治理和饮用水源地保护，打造沿湖景观飘带，同时推动产业转型升级、转变经济发展方式、倡导绿色产业发展理念。（新华社记者徐昱摄）

后 记

本书是对改革开放 40 年的隆重纪念——

“历史，总是在一些特殊年份给人们以汲取智慧、继续前行的力量。” 2018 年——中国改革开放 40 周年，以这样一个特殊年份，让中国重温历史，给世界昭示未来。

2018 年 4 月 10 日，习近平主席在博鳌亚洲论坛 2018 年年会开幕式主旨演讲中说：“1978 年，在邓小平先生倡导下，以中共十一届三中全会为标志，中国开启了改革开放历史征程。从农村到城市，从试点到推广，从经济体制改革到全面深化改革，40 年众志成城，40 年砥砺奋进，40 年春风化雨，中国人民用双手书写了国家和民族发展的壮丽史诗。”

本书精选了改革开放 40 年来的珍贵影像，它们出自新华社记者对时代的真实记录，珍藏于中国照片历史档案馆。本书分为上下两编，上编选取了代表性的城市、村镇，以点带面，反映了中国城乡巨变；下编分专题展示改革开放的成就，特别是经济、社会、民生领域的巨变。一张张图片，一个个故事，通过影像所传递的，正是改革开放 40 年的家国记忆，是中国人民书写的“壮丽史诗”。

改革开放 40 年创造了“中国奇迹”。习近平向世界讲出了其中的秘诀和答案：“历史是人民书写的，一切成就归功于人民。只要我们深深扎根人民、紧紧依靠人民，就可以获得无穷的力量，风雨无阻，奋勇向前。”在本书中，不同年代的中国人民的鲜活影像浮现于纸上，他们是历史的创造者、书写者、记录者，共同谱写了改革开放 40 年的时代传奇。

本书的出版，得到了新华社总编室、国内部、摄影部、国内各分社和中国图片集团的鼎力支持。因编者能力和水平有限，本书不足之处，欢迎广大读者提出宝贵意见和建议。

本书编写组

2018 年 8 月 20 日